# わたしの山旅

広がる山の魅力・味わい方

*prologue*

山に登り始めた当初
登山とはどこか名前のついた
頂を踏みにいくことでした

でもすぐに私の山の楽しみは
それだけではないことに
気がつきました

沢の水の美しさ
生き物たちの力強さ
ふと包まれる神聖な空気

ふもとの寄り道だって
楽しみのひとつ

名産品をほお張ったり
温泉に浸かったりすると
それもまた山の恵みであることに
気づき始めました

山を訪ねることは
その山がある土地そのものを

味わいにいくこと
山を登りにいくというより
山を旅しにいくというほうが
なんだかしっくりくる気がします

水、信仰、日本酒……

いくつもの山旅を
重ねるうちに見えてきた
自分なりの山を感じる切り口

それを通して山の魅力が
広がり深まっていく感覚

この本はわたしの
山旅の楽しみ方を紹介しています

日本全国
ときには海外まで

その土地を形作る山を
味わいにいく旅

あなたなりの
山旅のきっかけ
山を味わうヒントを
見つけていただけたら
うれしいです

contents

chapter. 1

# 水の始まる山

山で生まれた最初の一滴は、やがて川となり、ふもとの暮らしや文化を潤す水に。山登りと合わせて楽しみたい農作物も日本酒も温泉も、山の恵みから生まれたものです。

「山は水がおいしい」というのは、多くの人がなんとなくもっているイメージではないでしょうか。ミネラルウォーターのパッケージには山が添えられていますし、山に登り汗をかいて飲む水は体に染み入りそうですよね。

実際、山登りの最中に飲む水は格別においしいもの。喉に渇きを覚え、背負っていたボトルから大事にひと口飲むと、体はこれを求めていた！　という喜びを感じます。逆に下山中に手持ちの水が足りなくなりそうになって、焦った経験も。山に登ると水は本当にありがたく、自分が生きるために必要不可欠なものであることを、改めて実感します。運よく湧き水を口にできたときには、いつでもその混じり気のない生まれたてのおいしさに、心から感謝の気持ちがあふれてきます。

下山後の日常でも水の大切さはもちろん変わらないはずですが、コンビニに立ち寄ればペットボトルが並び、水道の蛇口をひねると水が出てくる状況では、そのことを忘れがち。でもここでいま一度考えてみます。その蛇口の水はどこから来るかといえば、それは川。そして川をさかのぼれば、山へとたどり着きます。

川の始まりを見るために山へ行ったことが何度かあります。最初は、宮城県の二口山塊にある大行沢でした。源流を登り詰めれば最初の一滴に出会えるのでは、というなんとも原始的なチャレンジでしたが、これがなかなか大変でした。岩魚を釣ったり焚き火を熾して眠ったりしながらある程度まで上がってみましたが、技術的に登り切ることが難しく、

今度は尾根上を目指し、そこから沢筋に向かって最初の一滴を探して下っていくことになりました。もちろん登山道ではありません。視界を覆うほどの藪を突き進みながら、「本当にあるのかな？」という気持ちになります。でも川があるのだから始まりだって必ずあるのですよね。斜面を覆う石ころと苔の小さな隙間に、無事、川の最初の一滴を見つけることができました。小さなひとしずくの、なんと透明できれいなこと……！

ゆっくりとリズムを刻みながらしたたるしずくは、登ってきた沢の景色とは到底つながらないような気がしました。でもその行方を見てみると、数メートル先にはひと筋の沢になっていて、さらにたどりながら山を下りていったら、釣りを楽しんだ元の場所にちゃんと戻ってきたのです。ここでやっと、「私は川の始まりを見たぞ」という実感が湧いてきました。この先、川の水はどこかで湖やダムに貯められるのでしょう。そして取水設備を通して浄水場に送られ、ふもとの人々の家へ……山でしたたる最初の一滴が、蛇口から流れ出る水道水とつながった瞬間でした。

先日自宅の郵便受けに、東京都の水道水源が描かれたチラシが入っているのを見つけました。我が家の近くの浄水場から伸びる川はその先でいくつものダムに分かれていて、そのダムの一つひとつに山のイラストレーションが添えられています。それを見て、そうだよな、と思いました。水道水だって、山の恵みなのです。

ところで北海道の大雪山国立公園のふもとにある小さな町、東川町には、上水道がないのだそう。蛇口をひねればおいしい山の水が出てくるというのです。大雪山に降った雨や雪が少しずつ山に染み込み、長い年月をかけてふもとの東川町まで下りてきます。町に住む人々はそれを家庭用ポンプでくみ上げ、そのまま生活に利用しているのです。なんたる贅沢。町にある豆腐店は、そんな山の水を使っているからでしょう。それはそれはおいしいお豆腐でした。

水の始まりを意識した山旅は、ふもとの町歩きも俄然楽しくしてくれます。兵庫県では揖保川の源流を求めて藤無山《ふじなしやま》に登りました。林道脇の湧き水で喉を潤し、霧が漂う山中で見つけ出した最初の一滴はやっぱり小さなひとしずく。これが悠々とふもとを流れる一級河川になるだなんて、にわかには信じられません。宍粟市《しそうし》をはじめとするふもとの町では豊かな水を利用した産業が有名です。鮎の友釣りや川の名前を冠した高級そうめん。驚いたのはランドセル。革をなめすにはきれいな水がたくさん必要なため、この辺りでは古くから皮革産業が発達したのだそう。

日本酒も、ふもとで味わえる山の恵みのひとつ。諸説ありますが宍粟市は日本酒発祥の地として知られ、米を使ったお酒の最古の記録が残る播磨風土記から再現を試みた「庭酒」と呼ばれるお酒が作られています。藤無山で見つめた最初の一滴を思い出しながらじっくりといただく一杯は、格別のおいしさです。

01

# 香貫山

かぬきやま／静岡県

## 東京よりひと足早い春を求めて
## うららかに輝く
## 川が生まれる町へ

行き先を沼津に決めた理由はいろいろあるけれど、そのひとつは「近い」こと。私が住む東京からだと新幹線なら1時間、車なら2時間。休みの日はゆっくり寝ていたい気持ちと、少し遠出したい気持ち、どちらも満たしてくれる場所にあるのです。

沼津の市街地の北部には愛鷹山、その背後には

手作り看板♡

富士山が控えています。南部は駿河湾に面していて、山と海をつなぐようにゆったりと、町の中を狩野川が流れています。沼津市のおとなり、清水町にある柿田川公園では、この狩野川の源流のひとつである柿田川の「川が生まれる場所」が見られると聞いて、まずはここへ行ってみることにしました。遊歩道がしっかり整備された公園内をお散歩していると、ありました、どくどくと水が湧き出る「湧き間」。川の始まりです。インクをにじませたような不思議な青色に、吸い込まれてしまいそう。何十年か何百年か……空から落ちてきた水が途方もない時間をかけてここまできて、再び地表に現れた瞬間を見ていると思うと、その光景に強い力を感じます。

ここで湧き出ているのは、富士山からの伏流水。約８５００年前の富士山の大噴火では、この辺りまで溶岩が流れてきました。三島溶岩流と呼ばれるこの溶岩は水を通しやすい性質で、富士山に降ったたくさんの雨や雪が染み込みます。しかしその下にある地層は水を通しにくい性質のため、地下水となった雨や雪が三島溶岩流の隙間を流れ落ち、この場所で湧き出ているのです。山のミネラルを含みながら流れ落ちてきた富士山の水は、ほぼ無菌で、清水町や沼津市を含む35万もの人々の飲料水として利用されています。こんな清水あふれる緑豊かな公園、そして川の始まりが、車通りの多い国道のすぐ横にあるというのもおもしろい！

宿は愛鷹山の裾野に広がる泊まれる公園、インザパークを選びました。地元で30年以上愛されてきた少年自然の家をリノベーションした施設。静かな森の木々のあいだに白い球

公園内の水辺のあちこちにある湧き間は色も勢いもさまざま。水底で吹き上げられた砂がもくもくと形を変え続けるようすは見飽きることはない

体テントがひっそり浮遊していて神秘的です。公園内にはかつてワサビ田があったこともあるほどきれいな沢が流れ、時期がくるとホタルが飛び回るといいます。

翌日は沼津アルプスの北端、香貫山へ向かいました。市街地に隣接した小さなこの山は、沼津に住むみなに愛される町のシンボルだそう。インザパークがあった愛鷹山とおなじく、元々はふもとの人々が生活のために木を切り出していた里山。自然な踏み跡を生かして作られた道はアップダウンのくり返しが心地よく、じんわり汗をかいてきました。道の傍に咲く花々も、スミレやスイセンなどおなじみの顔ぶれです。足元に転がっていたツチグリの胞子を飛ばして遊んでいたら、「なあに？　見せて」と声をかけてくれたおばあさま。沼津にお住まいで、20年以上ほぼ毎日ここへ歩きに来ているんだそう。「この山が大好きなの！」と話す笑顔があまりにすてきで、こちらまで元気をいただきました。

山頂から少し足を延ばして、桜台へ。東京より春の早い伊豆半島。3月初旬ですが、桜が美しく咲き乱れています。地面に腰を下ろして花を眺めたり、近くのベンチで本を読んだり。言葉はなくとも、海から吹き上げるおなじ風にみなで包まれる瞬間がうれしい。

山頂付近の展望台からは、宿泊した愛鷹山、始まりを見にいった狩野川、そしてそれが流れ込む輝く駿河湾を一望できます。山と海とのあいだに小さく並んで集まる沼津の人々の暮らしが、うららかな日差しに照らされていました。愛鷹山の奥にそびえるはずの富士山は……この日は春霞に隠れてちょっぴり残念。さて、ゆっくり下って沼津港でランチにしましょうか！

「いずのはる」というコピーが気に入って柿田川公園の土屋物店で買った柑橘、はるひという。また春がめぐってきた安心感に包まれながら山でいただいた

## 旅をもっと楽しむためのおすすめ情報

インザパークの夕食は旬の地場野菜をたくさん使ったコース。暖かい時期は沼津の夜景を眺めながら外でいただく。朝は公園内でピクニックスタイルも◎。スタッフの方と翌日のプランを相談したり、と何気ない会話も楽しい

この宿泊施設のアイコンは森に浮かぶ球体テント。中にはベッドが2台と必要最小限のアメニティが揃う。夜の暗さや鳥の声で目覚める朝、自然のなかでのお泊まりを気軽に体験できる

インザパーク
静岡県沼津市足高
220-4
TEL.055-939-8366

港近くの海鮮丼やお寿司が定番だが、こちらは地元の方オススメ。沼津で明治時代から干物作りを続ける奥和が始めた落ち着いたお食事処で、選んだ干物を備長炭で焼いてもらえる

和助
静岡県沼津市下河原町51-2
TEL.055-962-0756

沼津港の干物出荷量は日本一。湿度が低く雨量が少ないうえ、強い風が吹く気候で、水が豊富なことがその理由。名物はアジ。要冷蔵の海産物をお土産にしたくなること間違いなし。帰る直前に寄るのが正解

注文したものは桶に入れられ、水路を流れて配膳される甘味処。このスタイルは40年以上変わらないそう。配膳口から遠くに座るのがどんぶらこっこ時間を長く楽しむコツ

どんぐり
静岡県沼津市大手町
5-8-22
TEL.055-951-1777

沼津出身のオーナー後藤由紀子さんが愛情をもってセレクトした、センスと使い勝手のよい雑貨が並ぶ。沼津での生活が垣間見える後藤さんの著書「地元な暮らし」はガイドブックにも◎

hal
静岡県沼津市添地町
124
TEL.055-963-2556

02

# 霧ケ峰

きりがみね／長野県

## 水の行方を思いながら
## 真っ白の雪景色を
## のんびりお散歩

雪は水のひとつの形です。雪原に寝転がってウエア越しにその冷たさを味わっていると、やがて私の体温も雪に伝わっていくのを感じます。雪山で寝るなんて、と思われるかもしれませんが、ここなら大丈夫。雪と溶け合う静かな時間をのんびりと楽しめるお気に入りの場所が、霧ケ峰です。季節を変えて何度か訪れていますが、やっぱり雪の時期が好き。

ただただ白く広がる世界。新年を迎えたすがすがしい心にもぴったりだろうと、お正月旅行の行き先に選んだこともありました。

ビーナスラインを使って車でアクセスできて、なだらかな山容に湿原が点在する絶景がすぐ目の前というのがうれしいところ。しかも周囲には居心地のよい山小屋が点在しています。雪が深かったら小屋でスノーシューを借りようかと思っていたけれど、今回の旅には必要なさそうです。リラックスした気持ちで、八島ヶ原湿原から車山方面に向かって歩き始めました。

辺り一面、白のグラデーション。視界の情報量が少なくなるからか、心がすっと落ち着くのがわかります。そんななか、まっさらな雪面に自分の足跡を付けるのはシンプルな楽しみ。かわいい先客がいたようで、特徴的な逆三角形が登山道に点々と続いていました。これは、跳び箱を飛ぶように跳ねて進むウサギ。足跡が一直線に並んでいたら、セクシーなモデル歩きをするキツネ。時折この足跡の上からほうきで掃いたような線が付いていることがあるけれど、それはきっと遅れてきた尻尾が撫でたのでしょう。少し離れて並走していたウサギの足跡が、急に交わったあたりで雪が乱れているのは、一匹で遊んだのか、喧嘩したのか。真っ白な世界は、想像力をかきたててくれます。

湿原の植物たちの多くは雪の下ですが、枯れてもなおすっくと立つシシウドの茎に雪がついて、白い花が咲いているようでした。雪面に伸びる影がすてきな模様を作っています。草姿や樹形のおもしろさに気づけるのも、雪山の楽しみのひとつ。

ワカサギ釣りに温泉めぐり。諏訪湖畔の散策は山の恵みを体感できる。甲州街道沿い、わずか500mのあいだには5軒の酒蔵が並び、呑み歩きが楽しい

霧ヶ峰はその名のとおり霧がよく発生する場所です。私も秋に遭遇したことがありますが、景色を淡くぼかしながら漂う霧のなかを歩くのも、また別のよさがありました。しばらくすると、帽子からこぼれる自分の毛先がしっとりと濡れてきます。湿原の花々にも水滴がつき、そうか、霧も水のひとつの形か、と改めて気がつきます。そんな霧も、いま足元にある雪も、霧ヶ峰の湿原に染み込んで、たどり着くのはふもとの諏訪湖です。

霧ヶ峰への旅には、諏訪湖畔の散策が外せません。湖畔には日本三大奇祭のひとつ、御柱祭で知られる諏訪大社があります。湖の南の上諏訪に、上社の宮がふたつ、北の下諏訪に下社の宮がふたつあり、そのすべてに圧倒的な大きさのモミの御柱が建てられています。下社の御柱は霧ヶ峰から切り出されたものです。上諏訪では霧ヶ峰の伏流水を使って仕込まれた酒蔵めぐりをするのが、私のお気に入り。水が豊富なおかげで温泉街も広がっています。霧ヶ峰の自然が湖畔の暮らしや文化を支えているということを、たっぷり味わえるのです。

雪の霧ヶ峰散歩のゴールは、車山山頂から続くなだらかな尾根、車山肩にたたずむ小さな山小屋。ころぼっくるひゅってというかわいい名前で、いまのようにビーナスラインが開通する前から営業しています。熱々のボルシチランチで体を温め、食後にはサイフォンで一杯ずつ入れたコーヒーを。もちろん水は、霧ヶ峰の地下からくみ上げたもの。ひと口飲めば歩いてきた雪景色が、体中に広がっていく気がします。

心を洗い流してくれるような、すがすがしい景色。遮るものがないので防風対策は入念に。天気がよければ熱い飲み物とふもとのお菓子でおやつタイムを

## 旅をもっと楽しむためのおすすめ情報

霧ヶ峰にある旧御射山遺跡は、諏訪信仰の原点といわれる。中世に諏訪神社下社の狩猟神事が行われ、鎌倉時代には全国から武士が集まって盛大な祭りをしていたそう。近くの斜面に階段状の桟敷の跡も残る

1956年創設、標高1,820mに建つ山小屋。ケーキやトースト、ボルシチなどのカフェごはんを、霧ヶ峰の風景とともにオープンテラスで味わえる。オリジナルグッズがすてき

ころぼっくるひゅって
長野県諏訪市霧ヶ峰
車山肩
TEL.0266-58-0573

下諏訪は甲州街道と中山道の分岐点、宿場町として賑わった。老舗和菓子店で正月らしい切山椒を購入。諏訪に自生する山椒の実を使っているそう。霧ヶ峰での行動食にぴったり

新鶴本店
長野県諏訪郡下諏訪
町木の下3501
TEL.0266-27-8620

最古の神社とされる諏訪大社は、古くから軍神として崇められた。写真は下社の春宮。八島ヶ原湿原を水源とする砥川のほとりにある。春宮と秋宮をつなぐ道は旧中山道に当たり、歩くのがおもしろい

片倉館の千人風呂が有名な上諏訪温泉。共同浴場も豊富で、観光客でもOKの大和温泉ではエメラルドグリーンのお湯と地元の方との会話を楽しめる。民家の隙間にある小さな入り口を見逃さないで！

大和温泉
長野県諏訪市小和田
17-5
TEL.0266-52-3659

家屋や工場の解体現場からレスキューされた、古材や小道具が並ぶリサイクルショップ。愛をもって助けられ、次の使い手を待つ商品を見ていると、歴史ある日本の暮らしが浮かび上がる

リビルディングセンタージャパン
長野県諏訪市小和田
3-8
TEL.0266-78-8967

03

# 三頭山

みとうさん／東京都・山梨県

## 東京都唯一の村で 奥多摩の清流に抱かれる穏やかな時間

檜原《ひのはら》村は東京都の端にあります。五日市線の終点からバスに乗り1時間ほど揺られていると、停留所は見慣れぬ地名ばかり。思わず調べた「人里《へんぼり》」は、はずれの村の意味があるというのも納得の、緑ばかりの景色です。日帰りできる距離をあえて一泊の旅で計画したのは、蛇の湯温泉・たから荘に泊まってみたかったから。これまた都内唯一の「日本秘湯を守る会」認定お宿。渓流の水音が響くお部屋でお茶請けに置かれた村特産のジャガイモを頬張っていると、どこかずっと遠くまできたような気がしてきます。

日本秘湯を守る会に登録されている温泉の廊下や脱衣所に掲げられている、岩木一二三さんの「秘湯をさがして」というエッセイが私は大好き。「田舎を捨てた人間だけに、人一倍田舎を恋しがる東京人の一人である」という一文で始まり、岩木さんが「秘湯で歴史を守ろうとじっとたえてきた人々の尊さ」に気づくまでが書かれています。「いづれの日か山の自然と出で湯は、ほのぼのとした人間らしさをよみがえらせてくれることだろう」。

立派な兜造りの茅葺屋根が、たから荘の目印。国の重要文化財。山の幸尽くしのお食事がおいしい。傷ついた大蛇を癒したとされる温泉は日帰り入浴も可能

私たちが現代社会のなかで失いかけているものは……という問いを胸に温泉に浸かるひととき。この地で生活を営むのも昔ながらの建物を守るのも、苦労の多いことだろうとは思いつつ、都会とは違うゆったりとした時間の流れに身を浸すうち、うらやましい、という気持ちが湧くのです。

翌日は村の最高峰、三頭山へ。周辺は東京都の水源林です。ブナの若葉輝く清流沿いを歩きながら、これが秋川、さらに多摩川となって大都会を抜け、東京湾に流れ込むのだと思うと、私の日常とこの山とはけっして遠くないと感じます。そしてやっぱり、おなじ都民でありながら、この美しい自然とともに暮らす方々をうらやましい、と思うのです。

三頭山周辺は「都民の森」として守られている。自然体験施設や複数のハイキングコースがあり、家族連れも含めたくさんのハイカーがそれぞれに楽しんでいる。我が家の水道に届くかもしれない水！

## 旅をもっと楽しむための
## おすすめ情報

東京で唯一「日本の滝百選」に選ばれ、冬は美しく結氷する払沢の滝。大蛇の伝説が残る滝壺の水は近隣の住民の飲料水。檜原村には美しい滝が無数にある

1999年の閉校時のままに残された小学校は、たから荘のご主人も通っていたそう。ノスタルジーを感じるとともに少子化について考えさせられる

数馬分校記念館
東京都西多摩郡檜原村数馬2469

都民の森にある「お空に一番近いレストラン」。檜原村の旬と特産を詰め込んだ「おいねめし」は予約制。写真は山菜の天ぷらやジャガイモのネギ味噌添え

レストランとちの実
東京都西多摩郡檜原村7146
TEL.042-598-8355

column 1

# 温泉で触れる山

火山地帯では
マグマ溜まりで温められた地下水が
さまざまな泉質を伴った温泉に！

## 高峰温泉

［黒斑山／群馬県・長野県］

ダイナミックに活動する活火山浅間山を特等席で眺められる黒斑山。その登山口にあるのが高峰温泉です。標高2,000mに位置しながらアクセスのよさが魅力。シャクナゲの小道を歩いていくと、茂みのあいだに丸太を組んだ素朴な湯船が現れます。自然のあるがままに寄り添って作られた雲上の露天風呂。手前にはカラマツ林に覆われた深い谷が、奥には八ヶ岳連峰とアルプスが連なる絶景が広がります。

*topic*

**アマゾンの自然にザブン！**

温泉はその土地の自然に全身を浸す事だと体感したのは、アマゾン川の源流部でジャングルの天然温泉に浸かったとき。緊張して虫対策もきっちりしていたけれど、思い切って脱ぎ捨てて、肌にお湯が触れた途端、急に動植物たちとおなじ土俵に立てたような感覚に

## 旭岳温泉 湯元 湧駒荘 ［旭岳／北海道］

白い噴煙を上げる「カムイミンタラ（神の庭）」は5月末もまだ雪景色。北海道の暴風にさらされて冷えた体を、旭岳温泉に温めてもらいました。湧駒荘の17種もの浴槽に注ぎ込むのは泉質の違う5つの源泉。そのひとつユコマンの湯は、ゴツゴツした岩に囲まれ、山の力強さを思い出させます。

## 赤湯温泉 山口館 ［苗場山／新潟県］

温泉を目的に車止めから歩くと、林道45分、登山道1時間半の秘湯。苗場山登山道半ばの山小屋として営業しているので、火山性の絶景を楽しんだあとの寄り道にいかが。川原に3カ所の泉質の違う露天風呂があり、川水の影響も受けるワイルドな環境。川原を掘って野湯を楽しめる場所も。次回は時間をとって泊まりたい！

## 三斗小屋温泉 大黒屋 ［那須岳／栃木県］

こちらも歩かないとたどり着けない山岳の秘湯。山中にも関わらず、温泉旅館のような趣深い建物が突如現れたので驚きました。初めて本格的な登山をした那須岳で、ゴロゴロの岩場に噴煙が上がる地獄のような景色のなかを歩いたあと、熱々の温泉で汗を流してサッパリ。緑に囲まれた浴室もすてき。

# 日本酒で味わう山

よい山があるところには
よい水が生まれ、よい米を作る
そして……よいお酒になります♡

## 天祈り

［八甲田山 奥入瀬／青森県］

八甲田山に見守られた田んぼでの米作りから仕込み、販売まですべて十和田市の人々で行う。アーティスト山本修路さんが鳩政宗の杜氏佐藤企さんと手がける「酒プロジェクト」で生まれたお酒です。毎年姿を変えるアオモリトドマツのラベルが楽しみ。

## 白瀑・山本

［白神山地／秋田県］

蔵の裏手にある白神山地に湧き出る天然水を直接引き込み、仕込みから瓶の冷却まですべての工程にそのまま使用している山本合名会社。白瀑の名は山のふもとにある「みこしの滝浴み」で有名な白瀑神社から命名されました。音楽が流れる仕込み蔵から、「山本」や「ど」シリーズなど斬新なお酒を次々に生んでいます。

山の上で！

## 澤乃井

［奥多摩／東京都］

御岳山の山菜がおいしい宿坊の夕食に合わせていただいた澤乃井。奥多摩の名水が沢となる沢井村と呼ばれた地域で作られています。下山後に「きき酒処」に寄るのも◎。

## 霊峰月山

［月山／山形県］

月山山系の伏流水で仕込まれ、ラベルにも雪をまとった霊峰の姿が。月山佛生池小屋で、以前の登山客が置き土産にしていった手作りナス漬けをおともにいただきました。

## 梅の森

［白馬大池／長野県］

一度も火入れしていないフレッシュな生酒を瓶詰めし、それを梅池高原の残雪に埋めてゆっくり熟成させたそう。梅池高原のロープウェイ乗り場で発見し、白馬大池の水で冷やしていただきました。

下山後に！

## 庭酒

［藤無山／兵庫県］

揖保川の最初の一滴が見たくて登った藤無山。細い流れは下るにつれて太くなり、流れ着いた宍粟市で庭酒に。日本酒醸造最古の記録という奈良時代の播磨国風土記に残された製法で作られています。

## 鳥海山

［鳥海山／秋田県］

鳥海山の万年雪が生み出す伏流水と、寒暖差の激しい盆地を利用して作った酒米。山の上から眺めた美しい由利本荘市の天寿酒造で生まれたお酒です。

白く濁ったお湯にとっぷりと浸かる。ランプの灯る温泉宿で、山の恵みに包まれる夜

chapter. 2

# 海を感じる山

水を生み出す山。すべてを受け入れ、空に返す海。水の美しい循環のなかには、人が暮らす里がある。綿々と続く輪を感じるようになり、日常で見える景色も変わりました。

山に登り始めた当初、登山の最中に海について考えることはありませんでした。山の先には海があると初めて感じたのは、尾瀬で至仏山に登ったときです。ツルツルと滑る蛇紋岩に気をとられて足元ばかり見ていた私に、ガイドさんが声をかけてくれました。

「希良さん。いま立っている稜線が、中央分水嶺ですよ」

分水嶺とは山における水系の境界のことです。山に降った雨は沢沿いに流れ落ち、川となって海に注がれるわけですが、分水嶺はいわば雨の分かれ道。なかでも中央分水嶺は、太平洋側と日本海側とを分かつ線で、日本のほぼ真ん中を走っています。

突如自分の足元に、雨粒の運命を左右する一本の線が現れたような気がしました。ちょうど雨が降っていたので、私の右肩に落ちた雨粒は太平洋へ、左肩に落ちた雨粒は日本海へ……両腕をブンブン振って歩きながら、霧雨にかすんだ山の景色の向こうに、しっかりと海を感じたのです。

海が目に入った瞬間というのは、どうしてあんなに胸が躍るのでしょうか。小道の角を曲がったら、その先に青い水平線が見えたとき。トンネルを抜けたら、海原が輝いていたとき。

私は海なし県・埼玉で自分が生まれたから憧れるのかしらと思っていたけれど、九州の海を見て育った我が母は時折冗談とも本当ともつかぬ調子で、「海のあるところに帰りたい」とつぶやきます。命の源とされる海に、人はみな帰りたくなるものなのでしょうか。

山の話ばかりするので、山派なんだね、なんていわれることもありますが、私は海も好きです。幼いころから近所の雑木林や大きな自然公園で遊んではいたけれど、実家はいわゆるアウトドアアクティビティとは無縁のインドア家族。学校行事以外で海山に触れることはあまりなく育ちました。

自分の力で出かけられる年齢になってまず遊びに行くようになったのは、海。運動神経はよくないけれど体力だけはあるもので、海に行くとひたすらゆっくり泳ぎ続け、できるだけ沖に出たところで仰向けに浮かんで、ぼんやりとするのが好きでした。

波まかせに漂いながら感じるのは、底知れない力に対する恐れと、その偉大なものに包まれている気がする安堵。そして大自然のなかであまりに小さな自分の存在。それらを受け入れ目を瞑ると、波音なのかそれとも自らの血潮なのか、チューニングの合っていないラジオのような音が取り巻いて、体が海に溶けていくような気がします。

さらに歳を重ね山に登るようになると、そこでも似たような感覚を覚えていることに気づきました。圧倒的な存在のなかで、自分の体を動かし歩き続けた先に訪れる、溶解の瞬間。地面に立てるし息も吸えるので、海よりもまだ自分でコントロールできる範囲があるところが、どこか生真面目な私にはより合っているかもしれません。

山と海はつながっている。その事実に気づいてからは、海の見える山に登るのが好きになりました。輝く海原や青い水平線が見えると、山にいながら、波音が聞こえてくる気がします。水のつながりを意識するようになって、それはより強くなりました。いま、この足元を流れる水は、あそこにたどり着くのだ。そうして空に上りまた山に降り注ぎ、流れ流れて海に行く。視界のなかで水流がぐるりぐるりと回り始め、足元の地面が水面のようにゆらりと揺れたかのような目眩を覚えます。

忘れられないのは利尻山から見た景色です。北海道北部、円形の利尻島の真ん中には、利尻富士とも呼ばれる円錐形の利尻山があります。海の只中に山がそびえるようすは、飛行機の窓に張り付きながら見とれる絶景です。

私が訪れたのはまだ山の中腹より上に雪がしっかり残っている残雪のころ。上にも下にも遮るもののない真っ白の斜面にピッケルをさしながら、慎重に山頂を目指しました。ふと振り返ると目に飛び込んできたのは濃紺の大海原。そしていま私がいる山の白と、海の青とのあいだに、すっかり春を迎えたようすの人里がありました。「下のほうは、もうエゾエンゴサクが咲いてますよ」というガイドさんの言葉のせいか、花咲く里は小さくかわいらしく感じられます。

そして、水の美しき循環のあいだには里、私の暮らす場所があるのだと、改めてハッとしたのです。水を生み出す山、すべてを受け入れ空に返す海、始まりも終わりもない輪のなかにいる私は、何をすべきだろう。小さくとも循環の一部である自分自身について、省みずにはいられない景色でした。

04

# 鳥海山

ちょうかいさん／山形県・秋田県

## 山に登ると見えてくる海の幸、岩牡蠣のおいしさの秘密

秋田県の象潟《きさかた》や山形県の吹浦がその名産地として知られる、岩牡蠣。手のひらからはみ出すほどの大きな殻に、乳白色のぽってりした身が横たわっています。ひと口でいけるだろうか、どうだろうか……。迷いながら口に滑り込ませた途端、口いっぱいに弾けて広がる濃厚な味。クリーミーさを引き立たせる磯

の香り。何度食べても、ひと粒ごとに新鮮に感激してしまうおいしさです。
夏が旬のこの岩牡蠣、海の恵みでしょうか。それとも山の恵みでしょうか。当然海の、と答えたいところですが、岩牡蠣のおいしさの秘密を知ると、なかなか答えるのが難しくなります。その秘密は、鳥海山にあるからです。

「水筒いらずの山」なんて異名まであるほどの水の山。私が初めて訪れたときも、鳥海山はすっかり水に包まれていました。登り始めこそ道を彩る花々の写真を撮ったりしてのんびりしたものでしたが、足元に残雪が現れたあたりから霧に取り囲まれ、前を向いても下を向いても真っ白になってしまいました。ついには雨まで降り出し、全方位からの水を感じながら撤退。水の山であることを全身で味わった思い出です。

鳥海山は東北地方では2番目に高い２２３６m。日本海の上を通り湿った空気が高い山にぶつかって、たくさんの雨や雪を降らせています。平地と比べるとその量はなんと6倍以上になり、年間降水量は雨のイメージの強い屋久島よりも多いのだそう。

私が2度目に鳥海山に登ったのは、シートゥサミット。環境スポーツイベントに参加したとき。海はカヤック、里は自転車、そして山はトレッキング。人力のみで海から山頂を目指し、自然について考えるイベントです。せっかくなので大会に参加する前に、ふもとに点在している山の湧水スポットをめぐってみることにしました。

山形県酒田市にある玉簾の滝は、落差63mの直瀑。近寄るにつれて激しさを増す水しぶきにちょっと怯んでしまいます。打って変わって静けさに満ちていたのは遊佐町の胴腹滝。

海から眺めた鳥海山。カヤックを漕ぎながら、水面下では牡蠣が育ち、いまこの瞬間も山の水が湧き出ていることを想像する。岩牡蠣は象潟の道の駅で

山腹の苔むした岩々の隙間から四方へ湧き出る心地よい水音と、あたりを漂う神秘的な霧。それぞれの水場には必ずといっていいほど、神社や小さなお堂が建てられているのが印象的です。この場所を守っているような……いや、清水に守られているような、調和に満ちた空間。地元の人々が滝や池といった水そのものに信仰の心を持ち、大切にしてきていることが感じられます。

一番不思議だったのは、釜礒の海岸湧水。海水浴場でもある砂浜のあちこちで、真水が湧き出ているのです。一見ただの潮溜まりのようですが、水底で吹き上げられている砂に手を差し込むと、ひやりとした感触。ズブズブ腕を飲み込むこの穴は鳥海山につながっているのだと思うと、山の内部に触れたような気がしてドキリとします。そしてじつはこれが、岩牡蠣のおいしさの秘密。鳥海山の栄養を含んだ冷たい真水は海底でも湧き出ていて、そういった場所は岩牡蠣の餌となるプランクトンが大量発生するそう。また、この地域の岩牡蠣は素潜り漁で獲る天然のもの。山の水でただでさえ冷たい海水がさらに冷える冬のあいだは漁ができず、そのぶんゆっくり大きく育つんだとか。

シートゥサミット当日は申し分ない快晴。鳥海山を登りながら振り返る絶景もまぶしく輝いて見えます。自分の立つ尾根を境に、左側は金色の田園が輝く山形県庄内平野。右側は青々とした牧場や風力発電の風車が回る秋田県の高原地帯。その向こうに視界の限り続く真っ青な日本海。下りたらまた、岩牡蠣を食べたいな。そのおいしさを思い出しながら、いつかは海に届くであろう真っ白の残雪を踏みしめたのでした。

万年雪が涼しげな8月末の鳥海山。花の百名山としても知られる。キキョウやワレモコウの仲間など、ひと足早い秋の訪れを感じる花を楽しむ

## 旅をもっと楽しむためのおすすめ情報

にかほ市の元滝伏流水は高さ5m幅約30m。緑の岩肌から吹き出る連続した滝が、白いカーテンを引いたようで美しい。水量は1日5万トン。近隣の生活用水や農業用水となるそう

遊佐町の丸池様。信仰の対象となっている。湧水だけを水源とし、エメラルドグリーンの澄んだ冷たい水の中には倒木も朽ちずに沈んでいる。近くには水中花の梅花藻が美しい牛渡川も

鳥海山の南麓はイヌワシの貴重な生息域。山に人の手を入れ明るい山林を取り戻すことが、イヌワシとの共生につながるそう。展示室ではその驚くべき大きさを体感できる

鳥海イヌワシ
みらい館
山形県酒田市草津字
湯ノ台71-1
TEL.0234-64-4681

釜磯の海岸で湧水の吹き出し口に腕を差し入れ、鳥海山とつながった気分。そっと舐めてももちろん塩気はなし。海岸沿いを進むと、鳥海山から流れ着いた溶岩に十六羅漢が掘られている

東に鳥海山と九十九島、西に日本海と飛島、という最高のロケーション。天然温泉が湧き、海に面した絶景展望露天風呂や足湯も楽しめる。地元産の行動食はここで調達

道の駅象潟
「ねむの丘」
秋田県にかほ市象潟
町字大塩越73-1
TEL.0184-32-5588

鳥海山麓に広がる牧草地に放牧された、ジャージー牛のおいしいミルクが自慢。山を望む景色も気持ちいい。ソフトクリームとチーズトーストで迷って……両方ペロリ！

土田牧場
秋田県にかほ市馬場
字冬師山4-6
TEL.0184-36-2384

05

# みちのく潮風トレイル

みちのくしおかぜトレイル／青森県・岩手県・宮城県・福島県

## 里山に登り、街を抜け、海の恵みと威力を間近に感じる

東北の太平洋岸沿い、青森県八戸市から福島県相馬市までをつなぐ、みちのく潮風トレイル。２０１９年に全線開通した、総延長１０００ｋｍ以上の日本一長いロングトレイルです。ロングトレイルと聞くと最初から最後まで何日も歩き続け完歩する、スルーハイクに憧れる方もいるかもしれませんが、その時間と体力を準備するのは難しいもの。私はこのトレイルが整備され始めたころから、開通した場所や興味のある場所を選んで１～２泊するセクションハイクを繰り返しています。階上、八戸を歩いた夏、石巻を歩いた秋、宮古の冬、大槌の春。そしてまた夏に、「ホヤが食べたい」という理由で洋野町へ。地図上に歩いたことのある線が少しずつ延びていくのはうれしいものです。

場所も季節も違うので見える景色はずいぶん変わりますが、いつ訪れても感激してしま

土地ごとに、季節ごとに、さまざまな表情を見せてくれる海。宮古を訪れたときはひと晩で急に雪景色に変わり、海の青さがいっそう美しく際立った

うのが、海の雄大さ。海岸沿いを歩いているときはもちろん、里山に登ったり、民家のあいだを抜けるときも常に、海はその気配を漂わせています。青森県八戸市の種差海岸にテントを張ったときは、幕一枚越しに海を感じながら眠りました。寝ているあいだも耳に入っていただろう波音。ここに住んでいる人たちにとっては、無意識に暮らしを構成する一要素だろうなと考えます。陽の光を反射してきらめくときも、夜の闇を全部飲み込んだかのように暗く沈むときも、海は常に自分の力の及ばないものが側にあるような存在でしょうか。

岩手県山田町と大槌町のあいだにある鯨山は、標高610mの山頂にふもとの漁師たちが豊漁を願うという鯨山神社があり、絵に描いたようなリアス海岸の絶景を眺めることができます。川による陸からの侵食と、波による海からの侵食で生まれたジグザグのくぼみは汽水域にあたり、豊かな漁場となるそう。海の幸もこのトレイルの大きな楽しみです。

もちろん海が与えるものは恵みだけではありません。訪れるたびに少しずつ薄れているように感じる東日本大震災の爪痕ですが、いまも涙が溢れそうになることがあります。おいしい食事処が、お店も心も波に打ち砕かれてから必死に復活したものだと知ったとき。海岸沿いのさら地で重機が動くのを見て、元は何があったのだろうと想像するとき。

それでもこの土地には、海といっしょに生きると決めた人たちの力強さがあります。道迷い中に小学校の窓から声をかけてくれた先生、外のストーブに薪をくべて昆布巻きを炊いていたおじいちゃん。どの笑顔も忘れられず、いつも力をいただいて帰っています。

歯ごたえあるトコロテンをついてくれた白浜女房の女将さん。雨宿りのつもりがすっかり話し込んだ、よい思い出。地元の方の手作り豆しとぎは私の大好物

## 旅をもっと楽しむためのおすすめ情報

時折目にする、東日本大震災の津波被害を示す看板。文字や映像で知るよりもずっと臨場感をもって、脳内に波が迫る。実際に足を運んでわかること、それでもなお体験者にしかわからないことについて考える

旅の始まりと終わりにお世話になることが多い海岸沿いの鉄道。帰りは地元のお菓子を持って乗り込む。歩いたことのある景色を通過するときには思わず窓に張り付いてしまう

---

洋野町区間の増水時注意個所を迂回せずに行ってみたら……！　なかなかこんなことは少ないけれど、ルートの最新注意情報は常にホームページでチェック

名取トレイルセンター
宮城県名取市閖上
5-300-31-1
TEL.022-398-6181

ルート上の小さな標識は大事なヒントなので見逃さないで。とはいえこれはあくまでヒント。必ず公式のトレイルマップを手に、細かく確認しながら歩くのを忘れずに

みちのく潮風トレイル
http://tohoku.env.go.jp/mct

---

生はもちろん煮て焼いて揚げてのホヤづくし定食やホヤラーメンをいただける、ホヤ好きにはたまらないお店。やはり新鮮なうちに地元の人に調理していただくのが一番！

はまなす亭
岩手県九戸郡洋野町
種市22-131-3
TEL.0194-65-2981

陸奥湊駅前の朝ごはんにぴったりの市場。お刺身や焼き魚と白米、汁物を組み合わせ、オリジナル朝定食を。イサバ（魚市場）のカッチャ（お母さん）との会話を楽しんで

八戸市営魚菜
小売市場
青森県八戸市大字湊
町字久保38-1
TEL.0178-33-6151

06

# 立山

## 北アルプスと富山湾が生み出す ダイナミックな地形と気象現象

たてやま／富山県

3000m級の山々が連なる立山連峰。その玄関となる標高2450mの室堂まで乗り物を乗り継いでいけるので、絶景を眺めるにも、初めての3000m越えに挑戦するにも、とても人気がある山です。立山修験と呼ばれる山岳信仰の山でもあります。

私は立山の箱庭的な美しさが大好き。地獄谷があれば、浄土山もあり。火山ガスを吹き上げる荒々しさも、高山植物が揺れる穏やかさもあり。スニーカーで室堂平の散策をする人がいれば、雷鳥沢でゆっくりテント泊を楽しむ人、ここをスタートとして剱岳などの難関コースに挑む人もいる。屏風のような山並みを背景にした、ひとつの完結した世界。それゆえどこか、日常とはかけ離れた場所のように感じていたのです。

ところが、この立山連峰が富山湾とともに織り成す地形が、ふもとの人々の生活に大きく影響していることを知りました。海岸沿いから一気に1000mも深さを下げる富山湾は、別名「天然の生簀」。表層には南からの温かい対馬海流、その下を冷たい日本海固有

5月に訪れた室堂はまだまだ雪景色。この年の雪の大谷は積雪19m！ 雪解け水は手が痛くて触れないほどの冷たさだった。これが富山湾へ注がれる

水が満たし、さらに海底では立山の真水が湧いているため、港近くの漁場で日本海に分布する800種のうち500種もの魚が、まるで生簀からすくうように獲れるのだそう。高低差4000mのダイナミックな地形は、そのあいだに生まれる風の循環で海辺に蜃気楼を起こしたり、湿った海風を止める立山で豪雪をもたらしたりします。おいしい富山湾鮨も雪の大谷も、山と海とが関わり合って生まれた富山の魅力です。

夢の別世界だった立山が急に現実とつながって驚きますが、遠目にもやはり美しい立山連峰を海岸から眺めながら、あの幸せな箱庭はたしかにある場所なんだと実感したのでした。

旅をもっと楽しむための
おすすめ情報

澄み切った富山湾の水。海の中で立山連峰と影響し合う世界が広がっているとは……一度チャレンジして不漁だったホタルイカすくいはいつかリベンジ！

2,000年前に海に埋没した林が、海底の土と立山の海底湧水とに守られ、腐らずに残っているという不思議な光景。太古の森林に触れられる

特別天然記念物
魚津埋没林博物館
富山県魚津市釈迦堂814

山の上とは思えない、室堂平にあるホテル立山のティーラウンジ。黒部ダムの放水を模したシフォンケーキが、散策後にうれしいボリューム感

ティーラウンジりんどう
富山県中新川郡立山町
芦峅寺室堂　ホテル立山3F
TEL.076-463-3345

この絶景がだれでも味わえる贅沢。山小屋の環境も整っているので小屋泊デビューにも◎。日本一高所の天然温泉「みくりが池温泉」で、富山湾の名産白エビラーメンを

# 日本各地の自然を体感 ジャパンエコトラック

山、里、そして川や海などの水辺。
自然豊かな土地を人力で味わう
新しい旅の形。

ジャパンエコトラックは、アウトドア・アクティビティを通じて地域の自然や文化を楽しむ、新しい旅のスタイルです。トレッキングはもちろん、カヤックや自転車といった、人力による移動手段を使うことがポイント。自分の体を動かし五感を使って、じっくりと土地の魅力を味わうことができます。
地元の人々との出会いが生まれやすいのもいいところ。あの人にまた会いたい、そんな特別な思いとともに、旅先の記憶が刻まれます。

JAPAN ECO TRACK

**ジャパンエコトラック**

旅の第一歩は、統一されたデザインの公式ルートマップを手に入れること。ルートの情報はもちろん、協力店や宿泊施設、立ち寄りにぴったりのお食事処なども載っています

https://www.japanecotrack.net

## 信越自然郷エリア

［長野県・新潟県］

広大なこのエリアから妙高市と信濃町に絞った2泊3日は、野尻湖でのSUP初体験で頭から水をかぶってスタート！　2日目は新緑と残雪の妙高山。妙高市の花であるシラネアオイが風に揺れてなんとも穏やか。冷たい雪解け水をゴクリ。地元の笹団子や米粉のパンをパクリ。山の水を利用した稲作が盛んなこの地域、ふもとのパン屋のご主人も米農家と聞いて驚きます。輝く水田のあいだを自転車で駆け抜けて、赤倉温泉街の足湯に浸かった最終日。山の恵みである水を、全身でたっぷり味わう旅でした。

## 大雪ひがしかわ南富良野

［北海道］

憧れの大雪山を歩けるのはもちろん、サイクリングやラフティングだってレンタルで体験。アウトドア好きをもてなし慣れているのがこのエリア。まっすぐに伸びる道をサイクリングする気持ちよさったら！　両側に広がるパッチワークのような畑は、厳しい自然のなか工夫して生きてきた開拓の歴史の証です。「どんな作物の畑を越えてきたかで、風の味が変わるんですよ」というガイドさんの言葉に思わず深呼吸。地元のカラマツで建てられたおしゃれなログホテルでは、新鮮な北海道食材を味わいました。

column 4

# 山ごパン

山が好きな希良と、パンが好きなゆり。
ふたりのユニット、あわせて山ごパンが提案する、
楽しくておいしいパンハイキング。

## “好き”を通して味わうその土地らしさ

パンが好きすぎてとうとう名前にまで入れてしまった、モデル友だちのパン野ゆり。パンを求めて日本中、いや世界中に旅に出ます。「素材はもちろん、パン屋のたたずまいにもその土地らしさが出るんだよ」と聞いてひらめいたのが、山とふもとのパン屋をめぐるパンハイキング。ふたりの“好き”を通して土地を味わおうというわけです。おなかを空かせて集合するのがお約束。もちろんパンで元気を補給しながら、そのおいしさを生み出した山のハイキングを楽しみます。

---

*topic*

### 絶景パン

ハイキング中に出会った絶景のなかで、その土地に育まれたパンをパチリと撮影。それが絶景パンシリーズ。自然ってきれい！　パンってかわいい！　お互いのお気に入りを詰め込んだ写真は、いつだって最高の一枚に仕上がります

秩父琴平丘陵

秩父羊山公園

鎌北湖

森戸海岸

妙高山

三浦半島

ペンクトゥシャール島

中富良野

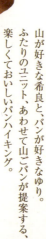

## 秩父琴平丘陵 ［埼玉県秩父市］

秩父のシンボル武甲山の山麓に連なる小さな山が、琴平丘陵。まずは門前町として栄え趣ある建物が残る市街地で、パン屋めぐり。地元産しゃくし菜味のベーグルがあるマイルストーンのパンには、創業大正5年の安田屋の惣菜をはさむのも◎。イノシシなど山の幸を保存していた味噌漬けが名物だそう。山のなかに点在する寺社で地元の信仰に触れ、橋立堂境内にあるジュリンズジオのアイスクリームサンドウィッチをご褒美に。

## はやま三ヶ岡山緑地 ［神奈川県葉山町］

9月末の葉山。まずはブレドールでキリッとした山型の本格的なグリュイエールサンドのブランチ。登山口はそこから歩いてすぐ。セミの声と、登るにつれて木々のあいだから吹き込む海風や波音で、夏気分に舞い戻ります。ふもとのパン屋はどこも海沿いらしいオシャレな白壁。森戸神社からのダイヤモンド富士は見られなかったけど、「山と海がある。それがここのいいところ」と地元の方とお話ししながら自然を見つめる、すてきなひとときを過ごしました。

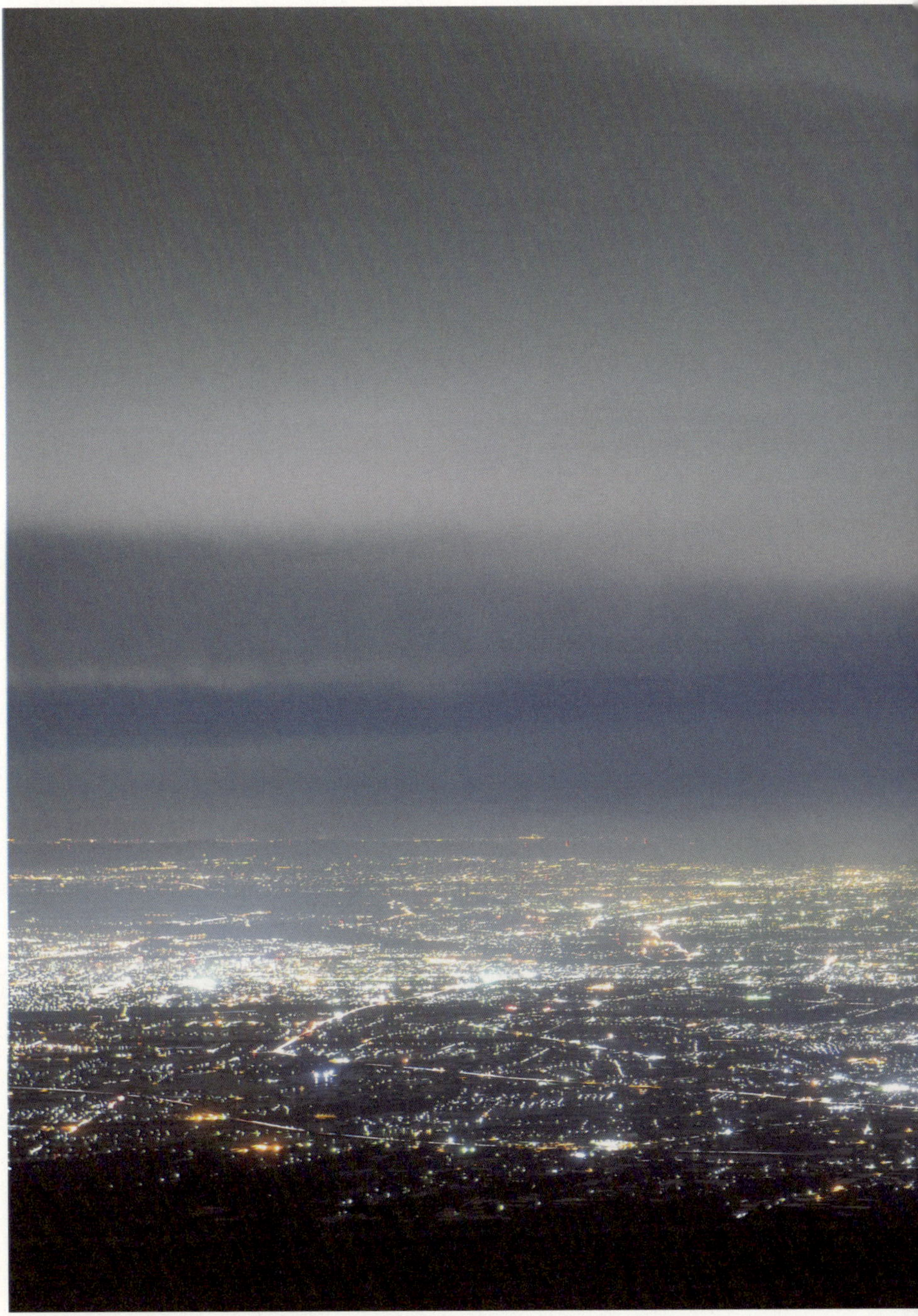

私たちの日常を取り囲む、自然の気配に気づいていたい

chapter. 3

# 生き物に会える山

花も虫も動物も、山は彼らの生きる場所で、そこでは人間よりずっと力強い存在です。そのハッとさせられるほど美しい姿に出会うために、山へ登りたくなるのです。

カメラを持って歩く楽しさのひとつは「自分が何を見ているかがわかる」ということだと思っています。いまでこそ広い景色や山頂も意識して撮ってみるようになりましたが、私の場合どこの山へ行っても写して帰るのは、小さなもの……植物や虫などの生き物が多く、遠景や山頂はしょっちゅう撮り忘れているのです。ずいぶんミクロな視点でばかり景色を見ているのだなと、自分で驚きました。

山に登り始めるようになる前から近所の公園や森を歩くのが好きで、そこでよく撮っていたのも足元の小さなものたち。朝露に濡れたきのこをかじるカタツムリや、まだ青い帽子付きのドングリ、ときにはすっかり傷んだ羽根さえ美しい、力尽きたオオミズアオを見つけることも。それが山へ行くようになったら、目にしたことのない動植物がわんさと現れるのです。もう楽しくて楽しくて！

初めて本格的に登山をしたのは那須岳でした。前を行く仲間から「クマがいる！」と緊張と興奮の混ざったような声が上がり、指差すほうを見てみると、谷底をのそのそと動く影が。母親と、子どもが二頭。危険な距離間ではなくこちらに気づいているようすもなかったので、谷を渡る姿を観察することができました。真っ先に思ったのは、「クマって本当にいるんだ」ということ。ビルの森に囲まれた東京では、それは童話のなかの生き物でしかなかったのです。

おなじ年、東京からはご近所に当たる丹沢を歩いてシカに出会ったときも、「シカが、

こんな身近に！」と大喜び。場合によっては害獣として扱われるくらいたくさんいることは、まだ知りませんでした。登山歴を重ね、先日、おなじくご近所である秩父山塊でニホンカモシカに出会ったときは、「私たちの暮らしのすぐ近くに、この子たちはいつもいるんだな」と改めて感じ、そのことに気づいていない日常について考えさせられました。

童話のなかでしか知らなかったコケモモも、本物は山のなかで出会いました。艶やかに陽の光を反射する丸い葉と赤い実。本を読んで憧れていたコケモモジャムを、幼い私は黒でイメージして描いていたのに。コケモモは苔じゃないんだよと、あのころに戻って教えてあげたい。日本版エーデルワイスのウスユキソウもそうです。ベルベットのような触り心地の毛に覆われているなんて、あの有名な歌は散々口ずさんでいるのに知りませんでした。自分の目を見て、手で触れる。そうして出会った生き物たちはたしかな輪郭をもって、私の心のなかにも生き始めます。そして、帰宅後に彼らに思いを馳せると、訪れた山がぐっと親しく心に広がる気がします。

山によって、おなじ山でも標高によって、歩けば歩くほど出会えるさまざまな生き物たちは、私をどんどん山好きにさせてくれました。我が家のある都心の、地続きの場所に、知らない生き物が暮らしているという事実。

動物も植物もみな、ただそこで生きることに一生懸命。雪の上に足跡を残すウサギも、崖の淵で風に揺れるコマクサも、その姿を目にするだけで、シンプルな生命力にこちらが力をもらいます。そして実際のところ、山のなかでは私よりずっと力強いと思うのです。私は靴や洋服なしにはここにはいられないのですから。

偶然の出会いを楽しむのもいいけれど、ちょっと欲を出して「この山で出会いたい生き物」を決めて歩くと、景色の見え方が変わってきます。

霧雨の室堂はちょっとガッカリなシチュエーションですが、山の人気者に会えると思うと楽しく感じられるかもしれません。ライチョウはお天気の悪い日のほうが安心して姿を見せてくれるのです。カエルにそっくりな鳴き声を頼りにハイマツの下を一つひとつのぞき込んでいると、なんともいい香りがすることに気づきます。福島県の奥只見で2泊3日の沢登りをした最終日は、羽ばたくアカショウビンの緋色の残像を目にして、とてもうれしくなりました。美しい声がするたびに重なる木立の奥に目を凝らすのは、森の深さを感じられる時間でした。いるのかいないのかわからない「タキタロウ」を探して、朝日連峰に向かったこともあります。青く静かな大鳥池を眺めながら、まぼろしの魚を求める心は水面のさらに下へと潜って……。

出会いたい、と願いすぎると出会えなかったときにがっかりする不安も、そりゃあります。でも、目の前の景色のどこかにきっといるはずの生き物を心に浮かべて歩く時間は、見つめる山の解像度をいつもより少し上げてくれると思うのです。

07

# 硫黄岳

いおうだけ／長野県

ツクモグサにウルップソウ
希少な高山植物が
与えられた場所で花開く

こんなに!!

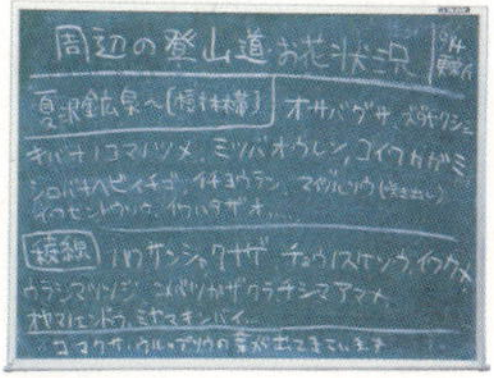


どうしよう、行き先が決まらない……6月後半、お泊まり登山にピンとくるプランが見つからなくて迷っていたところ、「硫黄岳山荘はどうだろう?」とランドネ編集長から助言が。なんでも以前歩荷中の女性スタッフと山ですれ違ったことがあって、とてもすてきだったんだとか。「小屋の周りはコマク

サの群生地だよ」とも聞いたけれど、「でもコマクサには時期が早いしなあ」なんてグズグズ。とりあえず山荘のウェブサイトを見てみることにしました。

すると「まだまだ、ツクモグサの花を観察することができます」「キバナシャクナゲ、たくさん開花しています」「ウルップソウ、咲き始めました」……驚くほどたくさんの開花情報が並んでいるではありませんか。山荘にお電話すると、ご主人がさらに畳みかけるようにツクモグサとウルップソウをおすすめしてくださいます。静かな語り口ながらも「ぜひこの時期に見てほしい」という情熱を感じて、思わず調べてみました。どちらも分布地がかなり限られていて、本州では北アルプスの一部と八ヶ岳の一部、そして北海道のみ。絶滅が危惧される貴重な種類のようです。これはもう、会いにいかねば。

日差しがこぼれ落ちる八ヶ岳の森のなかへ入っていきます。期待通り、いやそれ以上の花盛り。黄色、白、ピンク……深い緑の苔をバックに、チラチラ輝く姿は何度でも写真に収めたくなってしまい、すっかり夢中に。気づけば森を抜けていて、花の種類も変わります。岩や砂の乾いた場所に咲く健気な姿は、また格別の愛らしさ。

硫黄岳の山頂は広く平坦で、360度さえぎるもののない絶景です。ほんの数時間前は東京の雑踏にいたとは思えない光景に、花に誘われてきてよかったな、と改めて思います。ここから硫黄岳山荘までは15分ほど……のはずが、お花の写真を撮っていたら1時間もかかってしまいました。ようやくたどり着いた山荘の周りで、時期が早いだろうと諦めていたコマクサ、そしてあのウルップソウも発見！

夏沢鉱泉にあった「お花状況」の黒板には、たくさんの花の名前がずらりと並んで呪文のよう。岩の隙間からこぼれるように咲くイワウメがお気に入り

花との出会いに興奮する私の話を、ニコニコ聞いてくれる小屋のスタッフさん。ツクモグサも見たかったと欲張りを言ったら、「きっとあそこならまだ咲いているはずです」と、場所を丁寧に教えてくれました。翌朝探しにいこうと決めて、今日は小屋でゆっくり。淹れてくださったコーヒーに添えられた使い込まれた木のコースターには、コマクサの焼印が押してあります。

それにしてもなんて居心地のよい小屋でしょう。設備面ももちろんだけれど、雰囲気がいいのです。小屋のみなさんがそれぞれに個性的な笑顔で、のびのびされているのが伝わってきます。そういえばランドネ編集長から「スタッフの方がすてきだった」と聞いてこの山荘を知ったのだと思い出し伝えると、「わあうれしい」と恥ずかしそうにクスクス笑い。「この小屋がとてもよかったから続けられています」「先代のご主人と奥さまもとてもすてきなんですよ」と、ここでの生活を控えめに語ってくれます。厳しい自然のなかで、笑顔を絶やさず、登山客を受け入れながら日常を送る……そんな姿は、この日出会った山の花々の姿と重なる気がします。

翌日、ツクモグサが咲いていると教えられた場所は、なかなかの難所。ハシゴや鎖に捕まりながら斜面に目をこらすと……いた、ツクモグサ！　コロンと丸みを帯びた花は白い産毛に覆われ、淡いレモン色の花びらの付け根に滲むのは薄墨色。唯一無二の美しさをたたえながら、強い風に絶え間なく震えています。けっして主張することなく、与えられた場所で花開く姿に心を奪われ、なかなかその場を離れられませんでした。

可憐な花探しの途中とは思えないこの難所。ツクモグサとともに岩肌に張り付いて、山の環境の過酷さを味わう。花の魅力は実物に触れないと分からない

## 旅をもっと楽しむためのおすすめ情報

花の種類は見つけたら全部写真に収めてみようと思い立ち、デジタルカメラでパチパチ……なんと2日間で40種近く！　硫黄岳山荘までの道のりは難しくないので、カメラ撮影の練習にも◎

大迫力の爆裂火口は何十万年も前に硫黄岳が噴火した跡。森歩きの景色とのギャップに驚く。圧倒され、吸い込まれそうな私を尻目に、ツバメたちがツイツイと気持ちよく飛び回っていた

カード使用可、フリー wi-fiあり、温水シャワーにウォシュレット完備……とは思えない山小屋らしい素朴さもあって、ある意味完璧！　先代のご主人が作ったふもとのお野菜が食卓に上ることも

硫黄岳山荘
長野県南佐久郡南牧村大字海尻
TEL.0266-73-6673

花の山旅の思い出に、今回出会えたツクモグサとコマクサがあしらわれたワッペンを購入。根まで描かれているのがお気に入り。硫黄岳山荘オリジナルグッズはどれもかわいくて選び切れず

夏沢鉱泉のスタッフさんおすすめの、古民家カフェギャラリー。蓼科山麓に集まる若手陶芸家がオープンさせた。信州で活動する作家の作品を眺め、コーヒーとケーキでホッとひと息

蓼科クラフトヴィレッジ 陶仙房
長野県北佐久郡立科町大字芦田八ケ野1443
TEL.0267-55-7500

登山口に一番近いこの小屋では日帰り入浴が可能。魅惑の湯煙、源泉100%。カレーランチがご自慢だそう。下山時の寄り道にぴったり

夏沢鉱泉
長野県茅野市豊平
TEL.0266-73-6673
営業期間：通年営業
定休日：要問合せ

08

# 飯豊連峰

いいでれんぽう／福島県・新潟県・山形県

4泊5日の歩く旅
避難小屋をつないで
イイデリンドウを探して

とにかくみんなが忙しいときに、いましかないとねじ込んだ山行でした。徹夜明けだったり校了明けだったりで、東京を出発したのは18時の新幹線。終電とタクシーをつないで登山口近くの大日杉登山小屋に到着したのは、もう22時半でした。

　それでもなんとかここまでやってきた理由は、この山に会いたい人がいたから。沢登りや山菜採

りの師匠である高桑信一さんが、夏のあいだだけ門内小屋の管理人をしていると聞きつけたのです。この山域は避難小屋が充実していて、登山者の多い夏のあいだは管理人さんが入っているのだそう。避難小屋だけの4泊5日というのは初めての経験。寝袋にマットに食料でずっしり重いバックパックを、踏ん張りながら背負って出発しました。

地蔵岳までは、標高差940m。強い日差しがこぼれる樹林帯を汗を垂らして進みます。じつはちょっと、気になっている植物がありました。この山の固有種「イイデリンドウ」です。前日、仲間がその名前を口にするのを何度か耳にしましたが、今回は忘れ物なく出発できただけで上出来という余裕のなさ。下調べ不足でそれがどんな花なのかわかりません。リンドウだから紫か。樹林帯に咲いているかもしれないと思い歩き始めから常にキョロキョロしていると、小さな草花や虫たちが次々目に入ってきます。オヤマボクチのつぼみの数学的な造形に、ルリボシカミキリの鮮やかな青に、思わずカメラを向けます。

稜線に上がると視界がグッと広がりました。こんな真夏でも残る雪渓が目に涼やか。この日の宿である切合小屋が近づいたところで雪解け水が作る沢筋を見つけ、7時間歩き続けて熱くなった足を浸して大はしゃぎしてしまいました。

翌日は梅花皮小屋まで、8時間半の稜線歩き。一泊してさらに2時間も歩けば、高桑さんの待つ門内小屋に到着です。視界の果てまで山々が重なるなか、細く伸びる登山道に導かれるように気持ちよく歩みを進めます。途中、チングルマのお花畑に腰を下ろしたり、白い十字架が立ち並ぶかのようなコバイケイソウの群落に息を飲んだり。紫色の花が目に

飯豊連峰には高山植物目当てで訪れる人も多いそう。真っ白の花びらと生まれたてのような綿毛が揺れるチングルマのお花畑で、夢のようなひととき

入るとイイデリンドウのことを思い出しましたが、いかんせん正解がわからないので、これがそう？　それともあれ？　と迷いながら写真撮影。名前がわからなくても存分に美しい花々は、目にするだけで力をくれます。さらに、この道の先には高桑さんがいらっしゃる。だれかが待ってくれているというのはこんなにもうれしいものなのか。

門内小屋の管理棟を訪ねると、高桑さんは想像通りのニヤリ顔で迎え入れてくれました。降り出した雨の音を聞きながらの静かな宴会中、お湯割りをちびちび舐める高桑さんに「それで、イイデリンドウは？」と聞かれたので、それらしき写真を何枚かお見せしました。なんと、どれもハズレ。「何やってるの」と言いたげな呆れ顔に、いやいや高桑さんに会えたからいいんですよ、と笑い返しながら、それでもちょっと残念な気持ちが湧いてきます。小屋の棚に置かれていたイイデリンドウをモチーフにした山バッジは、本物を見られなかった代わりに買うことにしました。

帰宅後にイイデリンドウを調べてみると、凛として、それでいて愛らしくて。青みの強い花びらはどんな触り心地だろう。吹き抜けるあの風にどう揺れるだろう。会いたかったな、もっと調べていけばよかったな、と後悔ばかり。また行けばいいじゃないと思いつつ、あの山深き稜線に行く機会はやっぱりなかなかめぐってはきません。大事にしていたはずのバッジもどこかでなくしてしまい縁がないのかと切なくなりながら、きっといまもあの山のどこかで咲いている姿を、夏が来るたびに思い浮かべています。

高桑さんの笑顔目指して重ねる一歩一歩。ニッコウキスゲと登山靴の色がお揃いでうれしいけど、じつは初日から靴擦れに悩まされたつらい思い出も！

## 旅をもっと楽しむためのおすすめ情報

3泊目は私が夕食係。トマト煮込みとツナコーンごはん。いまならもっと軽量パッキングするけど、当時は生の玉ねぎやトマト缶を出して驚かれた。長めの縦走は無理せず乾燥食材が◎

避難小屋泊は寝具と食料を背負うぶん、荷物は重くなるが、建物に入れる安心感と自分のことは自分でする自由を味わえる。写真は切合小屋。管理人さんがいたので雪解け水で冷えたビールを買わせていただいた

難所、御秘所。これを越えるのが成人男性の通過儀礼だったとか。この辺りの県境は飯豊山神社の参道（登山道）を福島とするために、不思議な形に。幅1mの福島をはさみ、山形、新潟の三県ひとまたぎが可能

飯豊連峰は信仰の歴史も。登山道はすべて霊山である飯豊山につながっていたそう。写真は稜線上で待っていた姥権現。女人禁制だった時代に苦行を済ませ山に入ったが、石になってしまった女性が祀られている

09

# 黒川村

くろかわむら／兵庫県

## 清流沿いの山奥へ
## オオサンショウウオに会いにいく

兵庫県朝来市の山奥に、世界最大の両生類、オオサンショウウオの住む村があります。生野あたりまでは銀山目当ての観光客がいますが、さらに奥。清流沿いに車を走らせているとほとんど人の気配がなくなって、やっと現れるのが黒川村です。ここには日本ハンザキ研究所があります。「ハンザキ」とはオオサンショウウオの古い呼び名。この地域では「あんこう」ともいうのだそう。縁あってこの土地に来るまで、私にとってオオサンショウウオは「幻の生き物」くらいのぼんやりしたイメージしかありませんでした。

オオサンショウウオの姿を初めて見た私は、心底驚いてしまいました。こんなに大きな生き物が自然の川のなかにいるなんて！　1m以上あるように見えます。水中でジッと空を見据える目。小さな手足。ゆらりと動く姿は静かで圧倒的な存在感。

当時、研究所の所長を務めていた栃本さんにオオサンショウウオの寿命を尋ねてみると、「私の生きてるあいだにはわからないだろうねえ」とのこと。山奥の黒川で、この生き物

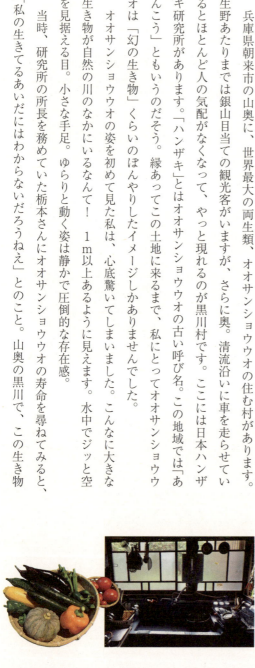

といっしょに暮らしているかのような日々を送られているのに、オオサンショウウオはまだまだわからないことだらけなんだそうです。自然と向き合い、ひとつの生き物について知ろうとする行為の途方もなさを感じた瞬間でした。

　黒川にある農家民宿まるつねは、目の前の川に棲むオオサンショウウオを見ることのできる宿。改装された築90年超の古民家です。村を取り囲む周囲には何もないからこそ、台所をお借りしてゆっくりと食事を作り、窓の外に生き物の気配を感じながらたっぷり眠る。自分自身も生き物としての正しいサイクルを整えて、自然と溶け合うような時間を過ごせます。

旅をもっと楽しむための
おすすめ情報

オオサンショウウオ観察のほかに、かまど炊きや山菜採り、蛍狩りなどの田舎暮らし体験もできる。できればのんびり力を抜いて、連泊したい

農家民宿まるつね
兵庫県朝来市生野町黒川322
TEL.080-3804-9622

国の特別天然記念物でありながら、その生態がほとんど明かされていないオオサンショウウオや周囲の自然環境の調査を行う。見学には申し込みが必要

日本ハンザキ研究所
兵庫県朝来市生野町黒川292

竹田城の城下町竹田は宿場町として栄えた。町屋が残る通りを散策し、丹波の黒豆を使ったアイスや但馬牛を使ったランチを楽しんで

「天空の城」の異名をもつ朝来市の竹田城跡。標高353.7ｍの古城山山頂に築かれた山城の石垣跡は、秋には雲海に浮かぶ幻想的な姿を見せる。城に登るもよし、向かいの朝来山から眺めるもよし

column 5

小さな

# 山で出会った生き物アルバム

足を止めて
山の住人にご挨拶。
やあやあ、こんにちは。
ここはいいところですね。
ちょっと、お邪魔
させてくださいね。

1

2

3

4

5

山の主かしら…

6

ひえ〜〜!

7

いっしょに来てくれるの？

1）飯豊の稜線にいた、もうずいぶん羽根の傷んだベニヒカゲ。マツムシソウがお似合い。2)オシャレさんね！3)高山性のバッタは羽が退化して小さい。紅葉とのコントラスト。4）泥場で輝いていた子。5）ハナアブは舌の動きと羽音が好き。6）あまりの雨に停滞中、となりにのそりと現れたヒキガエル。いっしょに雨に打たれた。7）アマゾンで出会った、スコーピオンスパイダー……圧倒的ビジュアル！

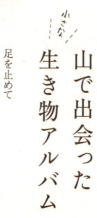

8）屋久島のサワガニ。緑の森に映える白。9）大台ケ原でシーボルトミミズ。筋肉！ 10）ヒキガエルは耳腺から毒を出すので注意。11）アカハライモリのかわいさよ。12）ナミハンミョウ。別名「道教え」。13）日本固有種ルリボシカミキリ。14）羽化したてのアブラゼミ。15）モリアオガエル、見一つけた。丸池様のほとり。16）ミント味のアリ。17）福島・檜枝岐村で愛するサンショウウオをパクリ

12

なんでも触ってみる（要注意）

8

9

10

11

かくれんぼ中…♪

15

宝石みたい★

13

14

ときどき食べてみる…！

16

17

どなたの落とし物？

Special 対談

# サバイバル登山家
# 服部文祥さんに聞く
# 山旅の味わい方

**希良**：今日は文祥さんに、サバイバル登山を始めたきっかけから、狩猟のこと、行き先の選び方まで、いろいろお聞きしたいと思っています。

**服部**：希良ちゃんの本で狩猟のこととか話して大丈夫なのかな（笑）。

**希良**：もちろんです！　まず、改めてなぜサバイバル登山というスタイルを始めたのか、ということから伺いたいです。学生のころはワンゲル部に所属していたそうですが、なぜそこからサバイバル登山に興味が移ったのでしょうか？

**服部文祥さん**

登山家／作家。山岳雑誌「岳人」編集者。1969年横浜生まれ。'99に長期山行に装備と食料を極力持ち込まず、食料を現地調達する「サバイバル登山」を始める。妻と三児と横浜に在住

**服部**：日本での登山を突き詰めると、俺の考えではサバイバル登山に行き着くんだよね。学生のころは、ちゃんと地図を見てルートを外さないように歩いて、テント場を利用してと、ごく普通の登山を楽しくやっていた。その後、フリークライミングをやってみたらおもしろくて……。

登山口にて。出発前に、山行計画を確認する

**希良**：フリークライミングは、素手で登る岩登りですよね？

**服部**：そう、人工的な手段をできるだけ排除して、自分の力だけで登るということを突き詰めたのがフリークライミング。それを日本の山全体に当てはめたのが、サバイバル登山なんだ。食料や燃料、装備はできるだけ持たず、純粋に自分の肉体だけで山を旅する。食料に米と調味料は持っていくけど、それ以外は現地で調達する。

**希良**：体験を通して何が変わりましたか？

**服部**：うーん。それまでは何も見てなかったんだなと気がついた。登山道のないところを進むわけだから、広く山と触れ合うことになるし、きのことかイワナとかカエルとか、食料も獲らなきゃいけないし、山全体を見るようになる。ルートという線じゃなくて面で山と関わる。

**希良**：どこを歩くか、どこに次の一歩を置くかというところから自分で決めるというのは、とてもクリエイティブな登り方ですよね。

**服部**：しかも装備を持っていないから、身軽に動ける。長く山に入れるからいっそう深く山とコミットメントできるようになる。

**希良**：怖くはないんですか？

**服部**：怖いけど、それを求めているから。怖いと感じるということは、人が作った登山道の保護を脱した状態のわけで、それは俺にとってはうれしいこと。でも恐怖はある。恐怖と喜びのあいだで揺れ動いている感じかな。いっとき、恐怖がなくなったことがあったけど、そのときに滑落しました（笑）。

**希良**：次にどこを目指すかはどうやって決めているんですか？

**服部**：これまでサバイバル登山で北アルプスを2回、南アルプスも3回縦断してるんだけど、もう日本に歩きたいエリアがあまりないんだよね。東北にはあるけど、サバイバル登山的にはエリアがちょっと小さいというか……。

**希良**：小さいというのは？

**服部**：サバイバル登山って、行程が長くないとおもしろくない。山の循環に入りつつ、自分の健康や体力を維持し、パフォーマンスを落とさずに長く旅していくことが重要で、人工的なものがほぼ何もないエリアじゃないとできない。

**希良**：そしたら、いまはもう行きたいところはないんですか？

**服部**：いや、じつはあって（笑）。去年の北海道（2カ月間の無銭徒歩旅行。連絡手段ももたずに、北海道を縦断）がおもしろかったから。また鉄砲を持って1カ月くらい行きたい。

**希良**：銃猟という選択肢が加わって、よりサバイバル登山が充実した感覚はありますか？

**服部**：スタイルに対してはプラスだと思う。だけど、鉄砲は人工的に作られたすごい道具だし、使うためには国の許可も必要になる。その点では、求めるものと逆な感じもしている。でも、食べるための肉を自力で獲るというすがすがしさがあるよね。獲物はかわいそうだけど、そういうマイナスな感情も含めて喜ばしいという不思議な感情が湧いてくるんだよ。

**希良**：獲物が体に還元されることで生き延びられるわけじゃないですか。生きている時間が獲物によって延びるという感覚が登山では

「人工的な手段を排除して、自分の力で登ることを突き詰める」（服部文祥）

得やすいんじゃないですか?
**服部**：そうだね。腹が減っていてそろそろ鹿が必要だなと思っているときにうまく撃って獲った喜びというのはすごくあるよね。「よし、これで何日か生き延びられるぞ！」みたいな。北海道でも後半けっこうな空腹になったんだよ。獲物を仕留めたときには、これで帰れるぞという気持ちになった。この感覚は、旅をしながら獲物とやりあわないと感じられないかもしれない。
**希良**：なるほど。わたしにも少し近い感覚があるかもしれません。よく、登山のどこがおもしろいのかと聞かれるのですが、自分の動物的な感覚が正しいかどうかを確認する、正しいところにリセットすることかなと思っていて。寒いか暑いか、濡れていないか、食事は足りているか、喉は乾いていないか。そういう点で、動物的に正しい判断をしていないと山では危ないから。でも街での生活だと、なかなか自覚しにくいですよね。
**服部**：その点でいうと、俺自身も登山に対して最近何がおもしろいんだろうと疑問に思うことがある。山にいて「何やってんだ俺？」って。でも最近ふたつの答えが出た。
**希良**：ぜひ伺いたいです。
**服部**：ひとつは人生は結局暇つぶしなんだから、一番おもしろいことをやろうと考えて実践しているんだなということ。もうひとつは、俺の場合、サバイバル登山をすることによって、脳内麻薬みたいなものが出てる気がする。つまり自分にとって気持ちがいいから山に登るんだなと。
**希良**：文祥さんの書いたものを読むたびに私も興奮します！　実際に体験したらすごいんだろうなと。
**服部**：それは希良ちゃんに、半分は狩猟民族の血が流れているからじゃないかな（笑）。
**希良**：ふふふ、そうなんですかね。ところで、前から聞きたいと思っていたのですが、山で「書く」ということを意識することはありますか？
**服部**：書くために、行動が作為的になることはあまりないかな。何かが起こったあとで、これ文章にしたらおもしろいぞと、ひとかたまりの段落が頭の中にできあがることはある。
**希良**：メモはとりますか？
**服部**：日記とかは書かないけど、地図の裏とかにバーっと書いちゃうことはある。書かないと忘れちゃう。
**希良**：私も下山してきた開放感で忘れちゃうんですよね。メモするのは人に伝えなきゃという理由で書き留めるんですか？
**服部**：それは全然ない。人の気持

雑誌『岳人』2019年2月の「地図に親しむ山登り」取材にて。焚き火で暖をとり、食事をする

眺める景色と地図を照らし合わせ、道なき道を見つけ出す

ちを変えたいとか、影響を与えたいという欲求はないんですよ。かっこいいもの、美しいもの、自分が作品として納得するものを書きたい。希良ちゃんはどう考えているの？

**希良**：私は自分の体験に基づいて伝えることで、これから挑戦しようとしている人のハードルを下げるお手伝いができたらという思いがあって。たとえば「雪山ってそれほど特別な場所じゃないんだよ」とか。でもあとから書けてよかったなというのは、まったく違うものだったりします。

**服部**：『岳人』での希良ちゃんの文章はいつも読んでますよ。読ませるよね、希良ちゃんの文章。

**希良**：ありがとうございます。一度、山菜のカタクリを食べたときの話を書いたことがあるんですけど、食べた感覚がほかの山菜とは圧倒的に違って、それを改めて文章化したことで、しっかりと自分のなかに収納できたんです。

**服部**：モヤっとした記憶が、原稿になった瞬間にクリアになって戻ってくるという感覚はあるよね。希良ちゃんはこれから、もっと書き手としての自覚を持って、次のステップに進んでもいいんじゃない？（笑）

**希良**：私、自分を書き手と捉えるのさえもおこがましいと思っているんですけど……。

**服部**：いや、才能あるよ。狩猟のように、脳内麻薬が出るかもしれないよ。

## 「登山は、自分の動物的な感覚が正しいかを確認すること」（仲川希良）

山は、彼らの住むところ

chapter. 4

# 信仰を集める山

圧倒的な自然の力を感じさせる存在ながら、生活に恵みを与えてくれる山。昔から日本人が神々の宿る場と信じ、畏れ敬ってきた歴史に思いを馳せて、私も歩みを重ねます。

「神様がいる」と初めて感じた山は、屋久島でした。訪れたのは東日本大震災から2カ月ほど経ったころ。東京に住んでいる私は毎日、何が正しいかわからない情報に振り回されていたので、最初はあまりに穏やかな島の空気に戸惑いました。島に住む方が何気なく「そのあたりの水でも汲んで飲める」と話すのを聞いて、ふいに泣けてしまうほどのうらやましさを感じてしまったり。私は水道水を飲むことさえ迷いながら、日々過ごしているというのに……生命の源である水を安心して飲めるということは、なんて貴重でありがたいことなのでしょう。

水を生み出す、山。その山に登って上から島を眺めると、命の気配が濃厚な緑の森が広がり、だれかの手でポツポツと置かれたような白い巨岩が神秘的な存在感を放っていました。そのときふと、「ここには神様がいるんだな」という気持ちが浮かんだのです。

あとから、屋久島には各集落ごとに「岳参り」という文化があることを知りました。集落の浜辺で採った砂と、塩や米などのお供えを持って山に上がり、子孫繁栄や五穀豊穣を願う、山岳信仰の一種だそうです。常に海と山とにはさまれて、その恩恵も厳しさも受け入れて暮らす人々ですから、それを畏れ敬う気持ちが形になったのでしょう。

栗生集落の岳参りの山である栗生岳には、山頂直下の巨岩の割れ目に祠があります。後日再び屋久島に訪れたとき、私もその細い隙間に入り込んでみました。幾年も繰り返し繰り返し捧げられてきた祈りが満ちているのか、心が澄んでくるような空間。自然と手を合わせ、頭を下げずにいられませんでした。

山岳信仰と聞くと、白装束の山伏が山を駆けめぐる姿を思い浮かべる方もいるかもしれません。じつは私、出羽三山での修行を少しだけ体験したことがあります。

3日間の修行中、許される返事は「うけたもう！」のみ。事前に修行の詳細は明かされていないので、これからの行を先達から伝えられるたび「うけたもう！」と答えつつ、自分が何をうけたまわったのかわからないような状態です。そして始まる苦行の数々に、半日でもう「帰りたい……」と思ってしまったのでした。

普段ちょっとやそっとのつらいことではあまり気持ちを揺らがさず、どうやったらこれを好きになれるかな、おもしろくなるかなと考えるようにしているのですが、肉体的な負荷は確実に思考を変えてしまうのです。結果、さらけ出される己の本音。これは普段の山歩きでも、感じることがあります。いつもより厳しい環境だからこそ、取り繕わない自分と向き合わざるを得なくなる。

2日目からは、プラスもマイナスもすべて私の感情だと、「うけたもう！」の精神で受容してみると、不思議と心は楽になりました。そもそも感情に良いも悪いもないはずです。感じたことそのままを自分として大事にしよう。それが、あのときの修行での、未熟な私の気づきだったように思います。

出羽三山をめぐる修行は、生まれ変わりの旅とされています。羽黒山、月山、湯殿山はそれぞれ、現在、過去、未来を表し、修行中の白装束は、俗世を離れて一度死の世界に入るための死装束です。

おなじくこの3つの世界をめぐったのが、熊野三山でした。熊野三山は、熊野本宮大社、熊野速玉大社、熊野那智大社とそのそばの那智山青岸渡寺、三社一寺の総称。本宮が来世を救済し、速玉が前世の罪を浄め、那智は現世の縁を結ぶということで、安寧を求めて人々は巡礼したのだそう。

この三山をつなぐのが熊野古道です。私も本宮、速玉、最後に那智大社をめぐり、御神体である那智の滝を前にしたときでした。落差133m、見上げる断崖絶壁から噴き出す飛沫はスローモーションで一粒一粒がくっきりと輝いて見えるのに、滝壺辺りには離れた場所にいる私を吹き飛ばさんとする勢いがあります。じっと向き合っていると、ひと息に落ちているはずの滝全体が止まっているようにも見え、滝の中に、過去、現在、未来を含めた、あらゆる瞬間が内包されているように感じられました。

そのとき湧き上がったのは、一直線のように捉えていた時間軸がぐらりと揺らぐ怖さ。でもそれは、ただ一点、このときと向き合えばいいのだという解放感でもありました。

良いも悪いも含めた、いまの自分に気づくこと。過去も未来も含めた、いまを受け入れること。そんな当たり前のようでつい見失ってしまいそうになる大切なことを、自分自身の体を使ってたしかな一歩一歩を重ね、何も語らない山と向き合うたびに、改めて教えられます。

10

# 小菅山

こすげやま／長野県

フィンランドからのお客さまと
いっしょに山伏と歩いて触れる
飯山の自然と暮らし

森を歩き作品を作る、フィンランド人アーティストのテーム・ヤルヴィさんから、日本の森を歩いてみたいという連絡をもらいました。またとない機会、どこにお連れしようか……そもそも日本の森って？　迷いに迷って私が選んだのは、長野県飯山市。ここなら里の人々の生活と密接した森歩きを味わえると思ったからです。

日本人ならだれもが知る童謡「故郷」の作詞者は、この土地の出身。里山に囲まれ、日本一長い千曲川がゆったり流れる田園風景を眺めると、どこか懐かしい気持ちにさせられます。そして飯山市内にある小菅の里には、北信濃の三大修験場として栄えた歴史があります。日本古来の里山の風景、信仰、文化が残り、国の重要文化的景観にも指定されている場所です。テームさんには、やはり日本特有の山岳信仰に触れてほしい……というわけで、小菅に住む山伏の志田さんに案内をお願いして、霊山・小菅山を歩くことにしたのです。

まずは注連《しめ》を首にかけて穢れを祓います。小菅神社里宮から始まり、いまも里に残る歴史的建造物を一つひとつめぐって祈りを捧げます。最盛期は37もの宿坊に、３００人を超える僧侶や修験者がいたのだそう。かつての繁栄を想像しながら、里の奥にある三の鳥居へ。鳥居の先に延びるのは美しい自然石の階段と、８００ｍに渡って立ち並ぶ樹齢３００年の杉の木。山の中腹にある奥社本殿まで続くこの参道が、今回の登山道です。道は年に2回、「おてんま」と呼ばれる住民総出の共同作業で手入れをしているそう。杉の巨木に手を当てて見上げるテームさんの顔は穏やか。「日本人が山を神聖な場所として大切に扱ってきたことが伝わります」。ここに重ねられた人々の思いを、感じ取ってくれたようです。たどり着いた奥社本殿の中には甘露池があり、この池こそが最初に信仰の対象になったといわれているそう。水は命を支える大切なもの。昔もいまもそれは変わりません。

山に見守られ輝く民家や田畑。そのあいだを悠々と流れる千曲川。里を眺めて志田さんは法螺貝をひと吹き。奥社本殿の奥に耳をすますと甘露池の水音が

修験者もここで瞑想したと思いますよ、と、志田さんが秘密の場所に連れていってくれました。岩に抱かれる小さな窪み。見下ろす谷には次々と、枝から葉が落ちていきます。その瞬間、里からの風が落ちていたはずの枯葉を優しく吹き上げていったのです。巻き戻された映像のように空に登る葉に、時空を超えるひとときを感じました。

奥社より上は、ブナの多い自然林が広がっています。日本の「森林浴」が作品に強い影響を与えているテームさん。まさにこの地域で、森林浴の癒し効果が世界で初めて科学的に立証されたと志田さんに教えられ、「森を歩いて気持ちよいと感じるだけでなく、科学的に証明するところが日本人らしい」と笑います。山のほとんどないフィンランドで育ったテームさんにとって、下りの脚のキツさは初めての体験。急峻な上り道も「じつはちょっと怖かった」と、あとから話してくれました。

下山後の乾杯に選んだ日本酒は飯山にある田中屋酒造の「水尾」。長野のお米と、野沢温泉で湧き出る水尾山の湧水で仕込んでいます。いい米を作るいい水は、いい山から生まれる。その水は流れた先でいい海を作る……。循環の話をしていたら、「そういう風に考えたことはなかった。だから自分の作品は、森のシリーズと水のシリーズを分けていた」とテームさん。山を歩き水のつながりを思うことは、新鮮な発見だったようです。

国土の7割が山の日本と、同じく7割が森のフィンランド。それぞれの国の歴史や文化には、その自然環境が深く関わっています。テームさんといっしょに楽しんだことで、山が育んだ日本について、改めて考える旅になりました。

森に住む動物はテームさんの作品の大切なモチーフ。姿は見えずとも、その気配をあちこちに感じた。小菅の新米おにぎり弁当のおいしいこと！

## 旅をもっと楽しむためのおすすめ情報

小菅神社里社のすぐそばにある一棟貸しの古民家宿泊施設。築約200年。各部屋にエアコンやヒーター完備で快適。ベッドがあるので海外の方のおもてなしにも◎

小菅の里 七星庵
長野県飯山市大字瑞穂6048
TEL.080-8850-5679

野沢温泉村が発祥の野沢菜が直売所に積み上げられるようすは、秋の風物詩。テームさんは信州銘菓「雷鳥の里」を手に取って、「この鳥はフィンランドにもいます」とうれしそう

道の駅 花の駅 千曲川
長野県飯山市大字常盤7425
TEL.0269-62-1887

おとなりの木島平村では江戸時代から内山紙と呼ばれる和紙が作られている。紫外線と雪の水分でコウゾを漂白する、雪晒しという技法が特徴。「心が整う作業ですね」とテームさん

内山手すき和紙体験の家
長野県下高井郡木島平村穂高1143-3
TEL.0269-82-4151

テームさんも私も初めての蕎麦打ち体験。信州蕎麦の歴史には山伏も深く関わっているのだとか。添えられたお野菜の天ぷらと柿のサラダ、そしてワサビも、小菅の里で採れたもの

「家の中でも森を感じてほしい」というテームさん。自然を敬い、守っていきたいという気持ちも込めて作品を作っているそう。画材は竹ペンを模して湖の草で自作したペンと、墨を使っている
https://teemujarvi.com/

野沢温泉は外湯が13カ所もある。「とっても熱いので気をつけて」という志田さんの忠告通り、かなりの湯温……！　湯上りテームさんも真っ赤なほっぺたで「Survived（生還した）！」と笑っていた

11

# 御岳山

みたけさん／東京都

## 東京の豊かな緑と
## 山の神を訪ねて
## 武蔵御嶽神社のお祭りへ

東京都に住む私にとって、御岳山は気軽に行けるおなじみのハイキングコース。今回は山頂にある武蔵御嶽神社で毎年5月に行われる例祭、日の出祭を見に行きたくて、旅の計画を立てました。お祭りは2日間にわたって行われるので、宿坊に一泊することに。日帰りできる山に泊まるって、贅沢気分です。

何度も訪れながらあまり深く意識したことはなかったけれど、御岳山は古くから信仰を集める霊山。その始まりは紀元前まで遡ります。日の出祭は、修行をしていた山伏たちの山開きが元となっていて、鎌倉時代から800年ほどの歴史があると考えられます。年に何度かあるお祭りのなかでも、もっとも格式高く、厳粛に行われるのだそうです。

ケーブルカーに乗り御岳山駅で降りれば、そこはもう標高831m。標高929mの御岳山山頂には30分ほど歩けば到着です。参道を進むと、山頂手前に集落が見えてきます。そこに暮らす御師は武蔵御嶽神社への信仰を守り、神社への参拝者をお世話してくださる人々。山を守り、山に守られるようにたたずむ御師集落には、20以上もの宿坊があります。

途中、ひときわ古く美しい宿坊を見かけたので、茶処の旗に惹かれて立ち寄ってみました。この宿坊、「東馬場」が建てられたのは慶応2年。黒光りする柱に見とれながら甘酒でひと息ついていると、奥からキャッキャと聞こえてきたのは16代目のお声。初節句を迎えたばかりだといいます。15代目のご主人の腕に抱かれて見せてくれたお顔はあどけなく、この子が神主・御師を代々世襲する東馬場家の歴史をつないでいくのかと思うと、通りすがりの私まで感慨深いものが……。私が宿泊した「西須崎坊 蔵屋」は一番の高台に位置し、現神主である須崎さんのご自宅でもあります。宿坊には、代々受け入れてきた講の方々だけが泊まれるところもあれば、民宿のように一般客を受け入れてくれるところも。蔵屋は神社の神聖な歴史を守りつつも、御岳山を訪れる多くの登山客を迎えてくれています。

さて、お目当ての日の出祭は、「宵宮」「本祭」の二部構成。神様を神社から御師集落ま

本祭は打って変わって賑やか。鎧兜の武士やお稚児さん、観光客も加わり大行列。緑に映えるきらびやかな装束、そのなかでひときわ輝くお神輿には神様が

でお移しするのがこの日の夜の宵宮。翌日の本祭では、御輿に乗られた神様が大行列を伴い、ふたたび山を登って神社に戻られます。

とても幽玄な夜のお祭り。本殿から奉戴した神様が白い絹垣に守られるようにして、拝殿から出てこられました。暗闇に揺れる提灯の明かりと、響く雅楽の音。神職のみなさんが途切れることのないように、「おーーー」と代わる代わる声を出し続けて守りながら、神様はゆっくりと山を下りていきます。この世のものとは思えぬ音色。

何百年もこの場所で繰り返されてきた行列の背後に輝くのは、星空よりも明るい町の明かり。御岳山からは東京都心のビル群やスカイツリーを眺めることができるのです。おなじ東京都でありながら、このギャップ……。目の前で繰り広げられている儀式と、私が日常を過ごす町並みとがなかなかつながりません。地続きのおなじ東京で、たったいまこんなお祭りが粛々と行われているだなんて。きっとあの夜景のなかにいる人たちは想像もしていないでしょう。

昼間のように明るく、世界中からの情報と物に溢れたあの場所も、東京。豊かな緑に囲まれながら、山の神に心を寄せるひとときを過ごすこの場所も、東京。

翌朝、蔵屋のお風呂は東向きと伺って、日の出に合わせて温まりにいきました。ゆっくり明けゆく空。遠くビルの向こうから朝日が昇り始め、都会も、そしてこの山もいっしょに、真っ赤な光に包まれました。おなじ瞬間にこれだけの顔をもつ東京は、やっぱりおもしろい場所だと思えたのでした。

本祭のあとはハイキング。ロックガーデンが定番だが、今回は御岳山信仰の始まりとされる奥の院峰へ。両側に並ぶ杉木立はここが参道である証拠

## 旅をもっと楽しむためのおすすめ情報

奥の院峰を下って、参道への戻り道は天狗の腰掛け杉から神苑の森へ。何度も訪れている御岳山でこちらも初ルート。神社の裏手を回る一方通行、「不伐の地」として古来から守られた原生林がある

美しい円錐形の奥の院峰。かつてここには日本武尊が東征した際の武具を納めた蔵があり、それが「武蔵」の国名の由来になったという説がある。武蔵野の自然で育った私にとっては興味深い物語

狛犬が狼！　御岳山で道に迷った日本武尊の軍隊を導いたのが、忽然と現れた白狼。日本武尊からここにとどまり魔物退治をするよう言われた白狼は、魔除けの神として厚い信仰を集めたそう

行動食やお土産は、ケーブルカー乗り場か、随神門手前の町場通りで。店先で山から採ってきた山椒を醤油漬けに加工中で、いい香りが漂っていた。お気に入りは、きびもち大福

江戸時代から続く宿坊。窓の外には東京の町並みが輝く。御岳山名物の刺身こんにゃくは、蔵屋でも蒟蒻玉から育てて手作りしているそう。宿坊の水はロックガーデンから引いた山の恵み

西須崎坊 蔵屋
東京都青梅市御岳山142
TEL.0428-78-8473

東京都の指定有形文化財に登録されている。神社に参拝する講のための座敷や内神殿が備えられていて、幕末期の御師住宅のようすを知ることができる。淡い青の漆喰が美しい

東馬場
東京都青梅市御岳山54
TEL.0428-78-8446

12

# 大山

だいせん／鳥取県

## 立派な山の姿と海の幸・山の幸で体感する信仰の歴史

伯耆《ほうき》富士とも呼ばれる大山。鳥取県を訪れるたびにいつその立派なお姿が見られるだろうかとキョロキョロ。どっしりとふもとを見下ろす大山が目に入ると、いつも思わず「おお」と声を上げてしまいます。

山陰の食材がこんなにおいしくて元気が出るということを、私はここで味わうまで知りませんでした。山麓で育った大山ポーク、森からいただく山菜やきのこ、海沿いに下れば弓ヶ浜のネギや、その先の境港のズワイガニ。どれも強い生命力が詰まっている感じ。道の駅に立ち寄ると、山の幸と海の幸とがぎっしり並べられていてうらやましい限りです。常に視界に入る自然の存在を感じながら、その恵みを受けとる。そんな幸せな環境を体感すると、古くから人々の信仰を集めたという大山の歴史にも納得がいきます。

大山登山の前日に、400年前から続く宿坊、山楽荘で座禅をしたことがあります。雑

山楽荘では、山菜を使った精進料理を味わえる。姫たけの煮物、椿の天ぷら、クロモジのお酒。ふもとの美食とは違うおいしさ。大山を味わい、体を整える

念を払うのはなかなか難しいものですが、一、二、三……と呼吸を数え、吐いて吸うことに集中すると、心が落ち着きます。

　翌日、まっさらな雪に覆われた大山は光り輝いていました。久しぶりにアイゼンを着けた私は、右足、左足、ピッケル、と順に出しながら、一、二、三、一、二、三……と知らずにつぶやいてることに気づき、宿坊で体験した座禅とおなじように、雪面を踏みしめるごとに気持ちが整うのを感じたのです。

　山頂から振り返ると、山に寄り添い海に抱かれるようにして集まる、のどかな里の景色。これが神様の視点か、と思いながら、いつか、心身を整えてくれる山のそばで暮らすのもいいかもしれない、なんて思ったりします。

3月半ばの大山はまだ雪景色。中腹のブナ林が霧氷で輝いていた。あまりにいいお天気だからと、仕事帰りに登りにきた地元の方も。山頂でお茶を楽しんだ

## 旅をもっと楽しむための
## おすすめ情報

大山周辺はジャパンエコトラック（48ページ参照）のエリアでもある。背中は海、正面は山に見守られながら、田畑のあいだをサイクリング

築80年の趣あるパン屋。山陰線最古の駅、御来屋駅近くの古民家が立ち並ぶ住宅街にひっそりたたずむ。使われている卵や小麦、牛乳は地元のもの

よしぱん
鳥取県大山町東坪849
TEL.0859-54-2121

無農薬の地場野菜をたっぷり使ったスープを、人に寄り添いながら提供してくれている森のスープ屋さんが、1日1組限定の宿をスタート

森のスープ屋の夜
鳥取県西伯郡伯耆町真野
694-19

# 山を感じるお土産

お土産は旅の楽しみのひとつ。山のカケラを持ち帰らせてもらう気持ちでお気に入りを探します。

## 出会ったものがモチーフに！

オオカメノキ小皿

尾瀬鹿の革

左上）使うたびに訪ねた山を思い返す。右上）「おぜしかプロジェクト」は尾瀬のふもとで駆除された鹿の皮を使った製品を提案。生態系のバランスについて考えるきっかけに。右）屋久島の益救神社にて。右下）木目を生かしたオオサンショウウオは前田正敏さんの作品。左下）海外山旅はコインの柄にその土地の自然があしらわれることが多いのでチェック

縄文杉登山守

コインの柄

オオサンショウウオ

## 山を思い返してリラックス…★

高峰の入浴剤

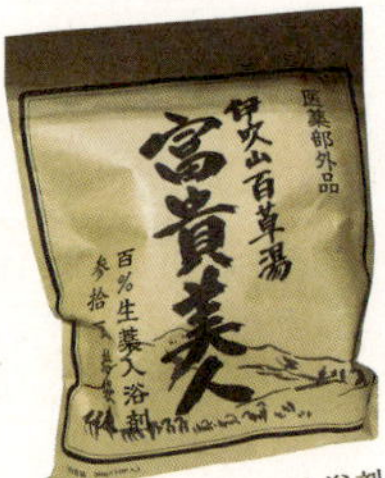

伊吹山の入浴剤

アロマオイル

右）大山山麓のエッセンシャルオイル「調ふ」。自生するクロモジやヒノキの心落ち着く香り。中央）伊吹山は古くから薬草の宝庫。その恵みを自宅のお風呂でも。左上）黒斑山の中腹、高峰温泉にて。左下）プリトヴィツェの手編みの靴下は、血行を促進して厳しい寒さに負けないよう、あえて毛のチクチク感を残す。タグのブナの実がかわいい

ソックス

恵みをいただきます！

屋久島

マラス

アンデス山脈マラスの塩（129ページ参照）は旨みたっぷり。屋久島の塩「えん」は、山の水が溶け込んだ海水を薪で炊いて作る。作り手の渡辺忠さんが表現する山と海の循環

アルザス

ミツバチの飛行範囲は巣から半径2～3kmとされるため、ハチミツはその土地の自然をぎゅっと凝縮したもの。アルザス特産モミの木の蜂蜜はクセになるエグみ。ダークな色のボルネオの蜂蜜には南国らしい華やかな酸味が

ボルネオ

道の駅 大スキ♪

プリトヴィツェ

かんずり

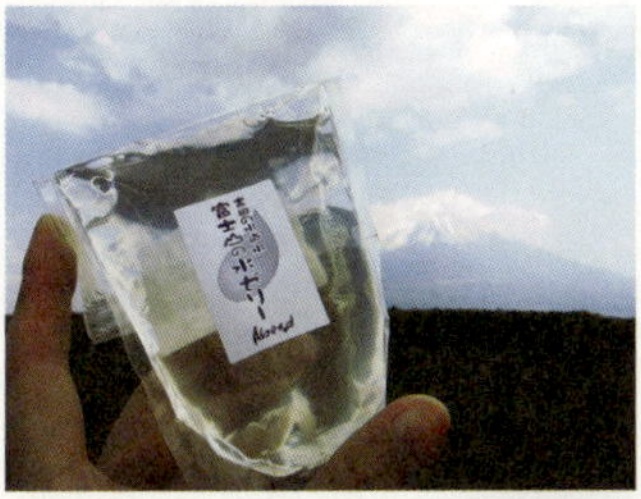

水ゼリー

あめ

きぶどうジャム

唐辛子を雪にさらして作る、かんずりで味わう妙高の自然の厳しさ。久慈市内端神地区の端神（ハシカミ）はアイヌ語で「山ぶどうのあるところ」。野生の山ぶどうは冬眠前のクマが好むほど滋養豊富。みちのく潮風トレイルの歩き出しにも関わらずジャム瓶を購入。富士山の水ゼリーの原材料は、吉田市の水道水！

Special対談

アウトドアスタイル・クリエイター

# 四角友里さんに聞く山旅の味わい方

**友里**：対談のお声がけ、ありがとう！ 希良ちゃんと改まって山のお話をするのは、久しぶりだね。

**希良**：山登りやイベントのあとにLINEしたり、お茶したりしているから、そんな感じしないんですけどね。今日は友里さんからいっぱい聞き出せたらと思ってます！

**友里**：緊張しちゃうな（笑）。

**希良**：まず初めに、友里さんの得意分野、「食」にまつわるお話をお願いしてもいいですか？

**友里**：自分では、食にこだわっているというより、食い意地が張ってるだけな気がしてるんだけどね（笑）。

**希良**：私もよく食べるほうですけど、友里さんのお話を聞くと、私にはないガッツを感じることが多くって（笑）。

**友里**：たしかに、旅に出るときは、朝ごはんを食べるために夜行バスで行って、夜ごはんもゆっくり時間を気にせず食べたいから夜行バスで帰ってきたりして、現地でとれる食事の回数を増やすことを考えてるかな。いまも「にっぽん食名山」というテーマで、山と食を楽しむ旅の本を書いているよ。

**希良**：山登りを始めた当初から、おいしいものに注目してたんですか？

**友里**：ううん。始めたばかりのころは、山で食べるものは自分で作るものだと思っていたから、お湯を沸かしてドライフードやカップラーメンを食べたりしてたよ。

　でも、初めて山小屋に泊まったとき、「この場所でしか食べられないもの」に出会って、考えが変わったかな。もうひとつ、「夏の旬がくつがえった」経験にも、大きく影響されてる。

**希良**：夏の旬がくつがえる？ どういう意味ですか？

**友里**：冬の寒い日に、ロウバイを見るために秩父・長瀞アルプスの宝登山に登って、下山後に有名なお店に立ち寄りかき氷を食べたときに、ご主人から「いい時期に来たね、でき立てほやほやの氷だよ」と教えてもらって。「天然氷」というものが、冷凍庫で作られたものとは違うということは知ってたけれど、ようやく実感できたんだ。山の道標や地図でも、「氷池」って文字を見たことを思い出して、ハッとしたりね。

**希良**：水だけでなく寒さも自然の

**四角友里さん**

「自然に触れる喜びを多くの人に感じてもらいたい」という想いから表現活動を始め、女子登山ブームの火付け役となる。現在は、講演や執筆、アウトドアウエア・ギアの企画開発を通し、メッセージを発信。着物着付け師としての顔ももつ。海外の山や日本全国の山を旅しながら、土地の食や文化を味わうのがライフワーク。著書に、『一歩ずつの山歩き入門』（枻出版社）、『山登り12ヵ月』（山と溪谷社）など

雑誌『ランドネ』2015年10月号の取材で長野県阿智村へ

恵み。そう思うと、かき氷って、山歩きの締めくくりにぴったりなんですね。ハイカーだからこそわかる味わいがある、ってすてき。

**友里**：山に登るだけでは気づけなかったことを、その土地ならではの食べ物に出会うことで、物語が完結するみたいな感覚かな。

**希良**：長瀞に観光で訪れた方が、かき氷をきっかけに、山に興味をもってくださったらいいな。

**友里**：そうだね。それに、食べたもので、自分の体ってできてるでしょう。山に登っても目に見えるものは何も残らない。でも、自分のなかに確実に取り込めているものがある。その感覚を、食べることでも確認できる気がするの。

**希良**：友里さんにとって、食べることは山を自分自身に取り込む、ひとつの方法なんですね。

**友里**：うん。あと、昔から受け継がれてきた山を越えてきた人のための「食」にも興味があって。

**希良**：箱根の甘酒茶屋とか……？

**友里**：そうそう。訪れる人が身に着けている道具は、足袋が登山靴に変わったりしているけれど、歩くという行為は、時を越えても変わらないもの。思いを歴史と重ねられる気がして、うれしいんだ。

**希良**：いまは車でもアクセスできる場所だけれど、あえて箱根旧街道を歩くことで意味が生まれますね。私も好きな楽しみ方です。ほかにも、山にまつわる食べものへの思い入れってありますか？

**友里**：いま真っ先に思い浮かんだ

「食べることは山を自分自身に取り込む方法ですね」（仲川希良）

のは、岩手の「福田パン」っていうコッペパン専門店かな。

**希良**：地元の方たちのソウルフード的な存在ですよね。名前、聞いたことあります！

**友里**：私にとって、朝ごはんって特別なもの。いわゆるごちそうとは違う、ご当地のものを朝から口にすると、そこに暮らしている人の気持ちに、少し近づけるかなと思ってて。

　福田パンに行くと、〝いつも〟の味を選びにきているおじいさんから子どもまで、いろんな層の方がいらっしゃるの。私には初めての味でも、地元の人たちにとっては当たり前の存在で、なくなってしまったらとても喪失感があるような大切な味だと思う。

**希良**：旅先での夜ごはんって、地元のものを食べやすいけれど、朝ごはんってむずかしいですよね。私もこれから注目してみます！

**友里**：ぜひ試してみて！　それに、福田パンへ向かう道からは岩手山を眺めることができるのね。山もお店も、暮らす人をいつもそばで見守ってくれている存在なのかなって想像がふくらむんだ。

**希良**：その土地の、だれかの「おいしい」を知れるって、豊かな体験ですね。

**友里**：私にとって食は単なるカロリー摂取や下山後のご褒美だけではない、物語探求の旅なんだ。

　だから旅先ではなるべく、全国どこでも買えるようなものは食べないようにしてる。とはいえ、コンビニでご当地ものに出会うこともあるから気が抜けないんだけどね。

**希良**：わかります、おにぎりの具に土地柄が出たりしますよね。

**友里**：前に北海道で、筋子入りのおにぎりを温めますか。って聞かれたりして、びっくりしたもん。筋子って温めていいの!?　って。

「山を歩いた経験が日常を形成してくれている」（四角友里）

**希良**：朝ごはんの話に戻すと、前に『ランドネ』の取材で行った長野県の阿智村でも、ふたりで温泉街の朝市をめぐりましたね！

　私は、みちのく潮風トレイルを歩くとき、八戸の朝市で食べてから歩くのも好きです。

**友里**：朝からしっかり食べると、頑張って歩ける気がするよね。ちなみに私は下山して1食食べて、町を散策してカロリーを消費させて、もう1食食べる！　ってこと

旅先では直売所などに寄って、旬の食材や調味料などをチェック。ふたりとも欠かさない楽しみのひとつ

友里さんが旅するごとに集めている木のカトラリーや竹カゴ。実用性も高い

上）秩父・長瀞アルプスを歩いたあとに、天然のかき氷を。左）江戸時代から歩く人を滋養してきた甘酒

も。

**希良**：さすが、友里さん（笑）。町歩きにも、山の楽しみの延長を見つけることも？

**友里**：うん。お店をめぐって、自家焙煎のコーヒー豆やハチミツ、調味料などを探したりするかな。

**希良**：ハチミツはミツバチの飛行範囲が限られるから、その土地だけの特産品ですもんね！　調味料はたとえばどんなものをチェックしてますか？

**友里**：味噌とかお醤油とかが多いかな。家でも山の余韻を長く楽しめるから。あとは民芸品をチェックすることも好き。お皿とか鉄器、かご、木製のスプーンとか……。

**希良**：かさばって重いものばかり！

**友里**：そうなの、カゴにお土産を詰めて、抱えて帰ってきたこともあるよ（笑）。古道具や絵も注目していて、我が家のインテリアは、ほとんど山旅の先から持ち帰ってきたもので構成されている。

**希良**：もともと、手仕事で作られたものが好きだったんですか？

**友里**：うーん。山に登るようになってからかな。

益子で雨巻山に登ったあと、ふもとで益子焼のカップを手にしたら、その土地の土に触れられた気がしたの。沖縄の山旅で出会ったやちむんも、森の色や青い海の色を眺めていたら、色の鮮やかさに親しみが湧いてきて。

**希良**：焼き物の土って、まさしくその土地のものですもんね。

**友里**：山の斜面を利用した伝統的な登り窯で焼き上げられていたり、地元の松が燃料になっていたり。器ができるまでをたどると、山にまつわるエピソードばかりで。

**希良**：寒い地域でカゴの材料に使われる根曲がり竹も、雪の重さで曲がったもの。環境や気候を知って、この場所だからこそ生まれたものなのだとわかると、より愛着がわきますよね。デザインがすてきというだけではなく、使い始めると丈夫でしなやかで、使い勝手のよさに驚いたり。

**友里**：いまはどこにいても物が買える時代だけど、せっかくなら山歩きを通して日本全国を訪れ、風土やルーツを味わって手に入れていきたいの。

**希良**：自宅に帰ってきてからも、使うたびに山旅を味わい直せますね。

**友里**：うん。山を歩いた経験が自分自身や日常の一日一日を形成してくれているって思えるんだ。

友里さんがアウトドアブランドとコラボで作るウエアは町にもなじむ

chapter. 5

# 境界になる山

忙しない日常と、緩やかに時が流れる自然界を分かつ。人間都合で国境や県境にもなる。そしてときに、今と昔とをつなぐ。山はさまざまな境目として私の前に現れます。

山に登るのにこんなことを言うのは気が引けますが、地図が少々苦手です。登り始めたころは恥ずかしながらガイドさん任せで歩いたり、メジャーなルートにはよくある絵地図のような簡易的なものを利用したりしていました。「あの山に登りました」と言うと山の先輩から「どちら側から?」と聞かれることが多く、それでやっと、登った山がふたつの県にまたがることを知ったりして。

初めての槍ヶ岳は長野県の上高地から入り、快晴の槍沢を進みました。槍の穂先へと続く尾根に乗って反対側を覗き込むと、渦巻く雲海……なるほど、山はお天気の境目になるのだなと感心していたら、ガイドさんが「雲の下は岐阜県ですね」と。この尾根は長野県松本市と岐阜県高山市の境界線にあたるのだそう。当時まさに高山に住んでいた我が祖父母を思って「じいじ〜! ばあば〜!」と、雲に向かって呼んだのを覚えています。

長期休みのたびに、両親の運転する車で埼玉の実家から祖父母の家を訪れていましたが、あのときいくつもくぐり抜けていたトンネルは、たくさんの山の横っ腹に穴を開けて通らせてもらっていたのですね。

ちなみにこの尾根は松本市と高山市、さらに長野県大町市の境目でもあり、槍ヶ岳山頂は大町市になります。槍ヶ岳サンにとってはまったく関係ないことですが!

秋田県と山形県にまたがる鳥海山は登山道がまさに県境となっていて、我が身を秋田に

入れたり山形に入れたりしながら歩くことができます。現在山頂は山形県となっていますが、そこに至るまでに大論争が繰り広げられた歴史もある場所。鳥海山は秋田側では「秋田富士」、山形側では「庄内富士」とも呼ばれているそうで、両県のお方が揃った場でこのお話をすると「うちから見る鳥海山が一番だ」と愛情たっぷりに戦ってくれるのです。

ちなみに本家富士山は山梨県と静岡県にまたがっていますが、山頂は浅間大社奥宮の私有地。7合目より上には県境を設けないことで、火花を散らす両県を収めています。

人間の移動方法が限られていた時代、急峻な山が国の境になったことは想像に難くありません。

神奈川県の鎌倉アルプスは標高こそ高くありませんが、国を守った山です。かつて隆盛を極めた鎌倉幕府が置かれていた市街地を尾根から眺めると、南は海に面し、残り三方は山に守られ、こりゃ確かに「いい国」が作れそうだと納得します。

おなじく国を見守るイメージがあるのは奈良県の大和三山。大和時代に古代国家の基礎が作られた国始まりの土地です。城壁に囲まれた初めての首都、藤原京の中心部を囲むように佇んでいるのが、大和三山と呼ばれる3つの山。これを眺められる甘樫丘の上から現在の市街地を見下ろすと、山々に囲まれた日本の始まり、かつての都が、華やかに浮かび上がってくるように感じられます。

古はトンネルで通過するなんて方法はもちろんありませんし、山はいまよりもさらに圧倒的な存在だったのだろうと思います。ふもとから山を見上げて「あちら側はどうなっているのだろう」なんて考えたりしていたかしら。それとも「あちら側」という存在を知り得ない人にとっては、その山こそが自分のいる世界のフチだったかしら。そんなことを考えていると、山を越えてみたいという願いや、山の向こうの未知に対する恐れなども、共感できる気がします。

先日、私の父の出身地であるフランスのロレーヌ地方と、おとなりのアルザス地方の境目を走る、ヴォージュ山脈を歩きました。ドイツとの国境にもあたるアルザス側はたびたびドイツ領土とされていて、地名や食文化などに大きくその影響が残っているため、山を越えるとガラリと土地の印象が変わります。父が幼いころは、山の中に塹壕跡があったり兵士のヘルメットが転がっていたと言いますが、針葉樹の香りの風に花が揺れる森を歩いていると、そう遠くない昔にここで両国が争っていたなんてにわかには信じられません。

この戦いに参加したドイツ兵士が、戦後に別荘地としてこの場所を選ぶこともあったという話を聞くと、この山の景色に、国境という目的を超えて癒された瞬間があったのだろうと想像します。ブルーベリーやブラックベリーを摘んで口に含んで歩きながら、いずれにしても山々は、自分が何の境目になろうがいつの時代も変わらず、ただそこにいるだけなのだと思うのです。

13

# ロヴァニエミ

## 自然の循環がゆっくりとした時の流れを織り成す、北極圏の原始の森へ

フィンランド

北極圏というのは私には手の届かない、どこか遠い地の果てだと思っていたので、真冬に初めてフィンランドを訪れたときに、知らずに足を踏み入れてしまっていることに気づき驚きました。ラップランドで雪遊びをしようよ、というフィンランドに住む友人の誘いに乗ってみたら、そこはもう北極圏だったのです。

ラップランドとは元々サーミ人が住んでいた地域。フィンランド北部を含め4カ国にまたがります。冬のあいだほとんど日が昇らず、すべてが白一色。凍った湖の上を歩いたりクロスカントリーで森を抜けたり、ひたすら雪と戯れながら過ごしましたが、その開放感たるや！「北極線が忙しさやストレスの境界線」……帰国してからラップランドについて調べていたら出てきたこんな商業的なコピーにさえ、深くうなづきたくなるような時間を過ごしたのです。念願叶って2度目のフィンランドも、迷わずラップランドへ。

今回ガイドのヴェッリさんと目指したのはラップランドの都市、ロヴァニエミ中心部か

どなたがココにいるのかな…？

静かな森に賑やかさを添える動物の気配。アリ塚、リスがかじった松ぼっくり、ヒグマがトナカイを襲ったばかりだと思われる場所には白い毛が散っていた

ら車で1時間ほどの森、アウティコンガス。ちょうど北極線あたりに位置します。この森は人の手で木の伐採が行われたことがなく、原始の森と呼ばれているそう。モミやマツなどの針葉樹のあいだにシラカバが混ざる入り口を抜け、腐葉土がたっぷり溶け込んだコーヒー色の川を越え、少しずつ丘の上に向かいながらさらに奥へと入っていきます。

足裏に心地よいふかふかの苔の上は5月でもところどころ雪が残り、一歩踏みしめるごとに水がジワリ。雪解け水がたまった場所には色とりどりの苔や若葉が沈み、鮮やかさを増して輝いています。思わずカメラを取り出ししゃがみ込む私を見て「春の写真が撮れたね」と笑うヴェッリさん。長い冬を過ごすフィンランド人は、この季節を心待ちにしているのです。木漏れ陽が照らす地面に何かがきらりと光ったので近づいてみると、真っ赤なベリー。これはなんと去年の夏のベリー。寒すぎてあまりバクテリアがいないから腐らないんだそう。グレーに立ち枯れたマツも、その状態になってから朽ちて倒れるまでさらに200年もかかるといいます。種から木になり、実らせ、朽ちて……ゆっくり、ゆっくりと、自然の循環を繰り返してきた静謐な森。

なだらかな丘の上の展望台からどこまでも広がるその森の姿を見下ろし、時間の流れ方が違うのだ、と思いました。生き物の営みが重ねてきた時間のなかを、自分も動物のスピードで歩く。窮屈に刻まれた私の毎日とはまったく違う時間軸に重なるひととき。厳しい地の果ての、だからこそ癒される日常にお邪魔して、さらに向こうにはいったいどんな時間が流れているのだろうと地平線を眺めました。

木のあいだを飛び移った黒く大きな影の正体はキバシオオライチョウ。ヴェッリさん曰く「森の王様」。姿を見せないトナカイたちはどこから私を見てるのか

## 旅をもっと楽しむためのおすすめ情報

シラカバのコブを使って作るククサというカップは、アウトドア好きにぴったりのお土産。自分で買うのではなく相手の幸せを願って贈るのが伝統。シラカバハンドルのナイフ、プーッコもおすすめ

アウティコンガスへ向かう道もひたすら森のなか。ハイキングルート示す看板をいくつも見かける。森に埋もれたような小さな村を通り過ぎたとき「ロヴァニエミで一番美しい村だ」と目を細めたヴェッリさん

人よりトナカイのほうが多いというロヴァニエミ。森で会えなかったのでトナカイ牧場を訪ねた。とってもかわいい一方、スーパーにはトナカイの肉が並び、ベリーソースをかけていただく。おいしい

信じるか信じないかは、あなた次第！ロヴァニエミはサンタクロースの公認ホームタウン。北極線上のサンタクロース村では、トナカイが引くそりも体験できる

フィンエアーはフィンランドを代表するライフスタイルブランド、マリメッコとコラボ。森の緑や湖の青、岩のグレーなど、フィンランドの自然をモチーフにしたデザインで空の旅を彩る

行動食はスーパーで、ムーミンしばりで調達。森のなかのバーベキュースペースでは、炙ったソーセージと、カレリアンピーラッカというフィンランド伝統のお粥パン、温かいココアでのんびり休憩

14

# 大和三山

やまとさんざん／奈良県

時は1400年前
賑わう古都を想像し
史跡をめぐってタイムスリップ

「采女の　袖吹きかへす　明日香風　都を遠み　いたづらに吹く」。日本最古の和歌集、万葉集に収められているこの歌を、奈良県の甘樫丘《あまかしのおか》の上で合唱するのが、我が中学の伝統でした。奈良京都への修学旅行に出発する前は、美術の時間は仏教芸術を学び、国語の先生は授業の大半をこの一首の解釈にあてるという力

の入れよう。この歌は「万葉歌碑の歌」という合唱曲になっていて、音楽の時間はこれをみっちり練習して修学旅行に備えたのです。

この歌の作者は志貴皇子。飛鳥浄御原宮から藤原京へと都が移ったときに詠まれたものです。「かつての都で采女の袖を揺らしていた風が、いまはただ虚しく吹きぬけているなあ」。実際は新旧ふたつの都はそう遠く離れてはいないのですが、当時の人は活気がなくなった土地とその神を鎮めるために、こういった歌を詠んだのだそう。

数カ月に渡る事前学習で古都に想像をめぐらせていたせいか、甘樫丘から田畑が広がる都の跡を眺めたときは、いまは形がないにも関わらず「これが、あの！」と、感慨深いものがありました。令和になり、新元号が万葉集にちなんでいたこともあって、これはいましかないだろうと、思い出の地を再訪することにしました。

今回訪れた明日香村とおとなりの橿原市は、国始まりの土地。天皇を中心とした国造りや、日本という国号、大化という初めての元号が定められ、城壁に囲まれた初めての首都もここにありました。それが先ほどの歌にも詠まれている都、藤原京です。藤原京はとても大きなものだったようで、その中心部を見守るように大和三山と呼ばれる天香久山、畝《うね》傍《び》山、耳成《みみなし》山が立ち並んでいます。どれも200mに満たない高さですが、丘や山に囲まれた平坦な奈良盆地で、かつての都の存在を示す姿は目を引きます。

明日香村の散策は自転車がおすすめです。何はともあれまずは腹ごしらえ。そうめんの起源も奈良。おとなりの桜井市で作られている三輪そうめんを使ったにゅうめんをいただ

旅を始める前に歴史の復習、飛鳥資料館に立ち寄るのがおすすめ。大和三山が守るのどかな奈良の景色に、ドラマチックな歴史が見えてくる

きます。ちなみに牛乳を使った古代のチーズ、「蘇」も名物。始まりだらけのこの土地、海を越えて新しい文化を伝えてくれた異国の人が明日香にはたくさん住んでいたと聞くと、当時の首都がどれほど栄えていたか想像できます。

頭を垂らし始めた稲穂が揺れる田んぼのあいだを、自転車で駆け抜けて史跡めぐり。聖徳太子にゆかりのある橘寺や蘇我馬子が建てた飛鳥寺、蘇我入鹿の首塚など、歴史の教科書の有名人たちが次々と立ち現れます。都のほとんどがいまは田畑の下ですが、１４００年も前の人々とおなじ場所で仏像と向き合えるなんて、不思議な気分。いや、１４００年って、自分が思うほど昔ではないのかもしれません。

お気に入りは亀石や酒船石といった奇妙な石像たちです。これだけの存在感のものが、いつ、何のために作られたかわからないだなんて、そのユーモラスな見た目も相まって何だかおおらかな気持ちにさせてくれます。そして日常のあちこちに奇石が点在する歴史を受け入れ、ともに生活を営むいまのこの村は、とても豊かな気がしてくるのです。

自転車を停め、修学旅行ぶりに甘樫丘に登ってみます。夕暮れの光のなかで大和三山を眺めながらふと、この山々は全部を知っているんだなと考えます。華やかな采女の袖を揺らした風を、知っている。20年前の私の歌声とともに吹き抜けた風も、知っている。この地を囲んでじっと見守りながら、時代の境界を越えた明日香風を届けてくれるのです。軽やかな時間旅行をさせてもらったお礼に今回もまた「万葉歌碑の歌」をそっと歌って、丘を下りました。

初代天皇とされる神武天皇を祀る橿原神宮の参道脇から、畝傍山に登ることができる。江戸以前はここに70以上の寺院があったとか！

## 旅をもっと楽しむためのおすすめ情報

明日香は乳製品文化もおもしろい。飛鳥鍋は牛乳を使った鍋料理。大和野菜たっぷりでいただきたい。唐からの渡来人が寒さをしのぐため、ヤギの乳で鍋を作ったのが始まりとされる

明日香観光の拠点にぴったりの民泊。昔ながらの虫籠窓に四間取りと土間の古民家は、築200年。前庭からは風にそよぐ田んぼと民家の向こうに、美しい山並みを眺められる

とまりゃんせ
奈良県高市郡明日香村真弓1526
TEL.0744-54-2516

大和名物「埴輪まんじゅう」は古墳の副葬品をかたどったお饅頭。何より見た目がかわいらしくて、つい真剣にお顔を選ぶ。カステラ生地で、こしあん、白あん、クリームも

埴輪まんじゅう本舗
橿原市久米町905-2
橿原オークホテル1階
TEL.0744-23-2525

橿原市今井町には、江戸時代にタイムスリップしたかのような景色が広がり、国指定重要文化財になっている町屋や、カフェめぐりを楽しめる。古い蔵を改装した「オーベルジュこもれび」に宿泊

また会いたかった飛鳥大仏さんは1400歳以上！　杏仁形の瞳が飛鳥時代の特徴。蘇我馬子とも、私とも。ずっとここで訪れる人と対峙する。横に祀られている聖徳太子立像も美しい

大神神社は創始が古事記や日本書記に残され、日本最古の神社といわれる。神様の静まる美輪山に直接祈るため本殿はない。身を清めてから白装束代わりのたすきをかけてお参りする

大神神社奈良県桜井市三輪1422
TEL.0744-42-6633

15

# 大平山（鎌倉アルプス）

おおひらやま／神奈川県

## 鎌倉時代から脈々と育まれてきた豊かな文化を山とパンで味わう

山歩きとふもとのパン屋めぐりをセットにしたパンハイキング（50ページ参照）。最初の行き先として真っ先に浮かんだのは鎌倉でした。人気の観光地にはおいしいパン屋が多そうだし、ハイキングにぴったりの鎌倉アルプスは市街地のすぐそばです。

山へ向かう前にパン屋とともに訪れたのは、鎌倉市農協連即売所。色とりどりでパリッと新鮮そうな地元の鎌倉野菜が並びます。「海と山が近いから、どちらからも栄養がもらえるでしょ。土地がよいからおいしくなるのよ」と、生産者のおばちゃんが教えてくれました。

大平山に登って上から市街を眺めると、たしかに鎌倉は三方が山、残る一方は海に守られている地形。鎌倉幕府の建立は「いい国作ろう」の1192年。当時の政権がここにあったといわれてもなかなかピンとはこないですが、国を作るにもよい土地だっただろうと想像できます。標高が低いのに、山道らしい歩きごたえがあるこのハイキングコースは、

小さくても
力、あります ≡3

山側から鎌倉に入るには「切通し」と呼ばれる狭い通路を通らねばならず、これが土地を防御するのに役立った。苔むすコースは適度な歩きごたえ

敵を防御するためにも役立ったのでしょう。人口が増加し平地が足りなくなったため、お墓は山に作られたといいます。ハイキング中は「やぐら」と呼ばれるこのお墓の跡をいくつも見ることができ、幕府の繁栄が感じながら歩くことができました。

鎌倉時代は文化的な発展もあり、近代に入ると鎌倉文士と呼ばれる文豪の集まりが登場。いまもなお文化人が集まるこの土地はパン屋激戦区。友人が用意した寄り道パン屋リストも、昔ながらの懐かしいものから、スタイリッシュないまどきのものまでさまざまです。古いものも新しいものも大事にする姿勢、そして食通文化人も認める確かな美味しさ。歩き回って空腹なところにパンを頬張って、豊かな鎌倉の味を噛み締めました。

自然に守られた鎌倉の町並みを見下ろし、歴史に想いを馳せながら、ふもとで買ったパンをパクリ。楽しみにしていたコロッケパンのコロッケはトンビにさらわれたが、これもまた鎌倉名物

### 旅をもっと楽しむためのおすすめ情報

通称レンバイ。味が濃く見た目も美しい鎌倉野菜を求めて、有名シェフも買いにくる。小規模農家が多品種を育てる鎌倉野菜の畑は七色畑といわれるそう

鎌倉市農協連即売所
神奈川県鎌倉市小町1-13-10
TEL.0467-44-3851（鎌倉地区運営委員会事務局）

思想を感じる、と友人がつぶやいたのがこちらのパン屋。アーティスティックな見た目は選ぶのも楽しい。レンバイ内にあり、市場の野菜を使用したものも

パラダイスアレイ
ブレッドカンパニー
神奈川県鎌倉市小町1-13-10
TEL.0467-84-7203

昭和25年創業、カラフルなコロネや店内に漂う優しい香りが懐かしさ満点。鎌倉っ子の給食にも提供されるまさに地元の味。登山前に店先で朝ごパン！

日進堂
神奈川県鎌倉市大町2-2-3
TEL.0467-22-0479

# 荷造りの工夫、役立つ持ち物

山も町もたっぷり味わいたい
そんな欲張りな山旅を
軽やかにするためのアイデア。

アウトドアの道具がいかに有能であるか体感したのは、まだ本格的に山に登り始める前。学生時代はお金をかけずに自転車や鈍行列車を利用して、日本のあちこちを旅していました。そのうち寝袋とテントがあれば宿泊費が削れるなと思い立ち、いよいよそれを背負うためのバックパックもちゃんとしたものを購入。節約のためのアウトドアアイテム投入だったのに、旅の心地よさが格段に上がったことに驚きました。

よい道具を使えば全部背負える！　というマインドは山に登り始めても役立ちましたが、町もたっぷり味わうような旅ならもう少し力を抜いて、おしゃれ心も忘れずにいたいもの。スーツケースを利用して旅先に送り届けたり、不要になった荷物は先に送り返したりするのも手です。

## ハイスペックすぎない バックパックとシューズ

ウエストベルトがしっかりし過ぎると町の服に合わせにくい。山の難易度が低いなら、ウエストベルトのないものや収納できるものに

しっかりした靴底や防水性は町歩きにも有効ですが、硬過ぎると疲れる原因に。町の服でも合わせやすいデザインを選んで

---

*Check!*

## 用途に合わせた袋物が活躍

### カメラポーチで容量アップ

すぐに取り出したいスマホとカメラとリップ！　バックパックやサコッシュに付けたり、ベルトにこれだけ付けて散歩に出たり

### 大事なものはここ! サコッシュ

貴重品はサコッシュにひとまとめ。山でも町でも使えるシンプルなデザインに、大ぶりのチャームを付けてかわいさをプラス

### 変幻自在の風呂敷はバッグにも

どんなサイズでもキュッと包めて荷物の仕分けに大活躍。結び方を変えれば、町できれいめなお店に行くときのバッグにもなる

### スキンケアは山と町とで分けて準備

小分けして軽量化した山用を、大きめポーチに入れておく。町に荷物を残してハイキングに出るなら、山用だけを抜き出せばOK

### 消臭効果のあるスタッフサック

下山後の着替え一式をこれに入れておけば、脱いだウエアを入れ替えて汚れごと封じ込められる。デオシームという機能性素材

### お土産増えてもOK サブバッグ

買い込んだお土産や汚れたウエア、旅先で袋がほしくなる場面は何かと多いので、コンパクトなものを一つしのばせておきます

# 旅のコーディネート着まわしアイデア

**Field**

## ゆるりと自然を楽しむ

日焼けを防ぎ、こなれた雰囲気もある七分袖のトップスをさらっと一枚着て。帽子の代わりにヘッドバンドで髪をまとめたり、カメラや地図を入れたウェストポーチを斜めがけにしたり、機能的かつポイントになる小物でコーディネートの印象をチェンジ

**Field**

## 山をしっかり歩く

半袖白Tシャツは言わずもがなの万能アイテム。チェストベルトもウエストベルトもしっかり締めて、元気よく！　日差しが強そうなら帽子もプラス。折り畳めるものを選べば荷造りしやすく、下山後脱いでもかさばらないので◎

**Point**

シンプルなトップスは色で楽しむ。速乾性は旅先のお洗濯にもありがたい機能

**Point**

テーパード型のきれいなパンツは街でも使いやすい。腰回りを締めつけないので座りが多い移動日にぴったり

---

Check!

## こんなものも役立つ！

**ネックゲイター**

寒さや日差しから首元を守ったり、山小屋や下山後に髪をまとめるヘッドバンドにしたりと万能なアイテム。コーディネートのポイントにも

**薄手のシェル**

飛行機やレストランなど、旅先の強めにきいたクーラーが苦手なので、コンパクトなアウトドア用の薄手シェルを常に持ち歩く。撥水性があれば町のちょっとした雨にも対応

機能的なアウトドアウエアは町でも活躍！
シンプルで形のきれいなものを選べば
さまざまなシーンに対応してくれます。

## Town
## 町の魅力に触れる

バックパックを下ろして身軽に歩き回りたいときは、ウエストポーチやサコッシュに貴重品だけ入れて。足元はサンダルで解放感あり。身も心も軽やかなコーディネートでふもとの町を散策すれば、すてきな出会いがありそうな予感♪

**Point**

鼻緒がないサンダルは靴下を合わせられる。むくみやすく冷えやすい飛行機や新幹線移動日の定番スタイル

## Town
## 下山後の散策

ロングスカートはリラックス感がありながら女性らしさも出せるので、サッと着替えて町に出るときに。強い日差しを避けたり、下にタイツを重ねれば防寒もできるので、季節や天気、行き先を選ばない旅の優秀アイテム

**Point**

ウエストゴムのスカートなら胸上まで引き上げてワンピースとしても着られる。さらにブラウジングアレンジも

---

### 薄手ダウン

暑さは脱げばよくても、寒さはどうにも防げない。ちょっと大げさかなというときも、薄手でコンパクトになるダウンを必ず入れておく。丸首なら街でもスポーティになり過ぎない

### アクセサリー

インパクトのあるアクセサリーで、コーディネートを町仕様に変身。アウトドア用のトップスも顔周りがシンプルなものを選ぶのがポイント

山に触れ、町に触れ

いつもそっと、山に見守られていることを知る旅

海外編 16

# シャモニー

［フランス］

登山発祥の地で
絶景のなか、
平和で幸せな散歩を

しばらく歩くと「絶景慣れ」が起きるほどの美しい景色の連続！あとから写真を見返しても、本当にここを歩いたのだろうか、全部夢だったのではと思えてくるほど。それがシャモニーでのハイキング。

ここを訪れるのは2度目です。1度目はまだ子どものころで、こんな絶景に登山電車やロープウェイでアクセスできる贅沢さにまったく気づいていませんでした。氷河を歩く人を上から眺めて、なんて不思議なところをお散歩してるんだろうと思ったものです。あの人たちはどこの岩壁に向かっていたのでしょう。山を登るようになったいまなら、その奥にどんなロマンが待っているかと想像が膨らみます。

フランスとイタリアの国境となる、アルプス山脈の最高峰モンブラン（例に漏れず山頂の国境で争っています）。そのふもとに位置する山岳リゾートがシャモニーで、登山発祥の地とされています。高い技術を持った重装備のクライマーから、私のようにに旅の延長でのハイキングを楽しむ人まで、まるっと受け入れてくれる懐の深さ。すれ違う人も周辺のヨーロッパ諸国はもちろんアジアの人まで、各々の言葉で挨拶を交わします。「山が好き」というシンプルな気持ちが、すべての境界をなくしてしまうような、平和で幸せな絶景散歩を楽しめるのです。

岩陰を覗き込んで「マモ、マモ」とつぶやきながら小さな男の子が探していたのは、マーモット。よく観察すると、ずんぐりした体で日向ぼっこする姿を見つけることができる。この絶景が彼らの日常

## 旅をもっと楽しむためのおすすめ情報

今回はエギーユ・デュ・ミディに向かうロープウェイを2,317mで途中下車。メール・ド・グラス氷河に向かって渓谷をトラバースするように歩いた

アルプスの野草ジェネピー（ニガヨモギ）を使ったアイスクリーム。ハイキング中には姿は見つけられず、ふもとでその味だけ楽しんだ

町にはアウトドアブランドが軒を連ねる。天気が悪い日は無理せず、限定アイテムを探して楽しんでも◎ シャモニーガイド協会の公式グッズがおすすめ

海外編

17

# ヌークシオ国立公園

［フィンランド］

湖で泳いでも、ベリーを摘んでもいい
思いのままに溶け込める森

フィンランドの多くの人にとって、森は常にそこにあるもので、友人に会いにいくかのように出かける場所。ヌークシオ国立公園は、首都ヘルシンキから1時間以内のアクセスとは思えないほど深い森が広がっています。立ち並ぶ青い針葉樹、地面を覆うふかふかの苔。時折人とすれ違う以外はとても静か。豪快に倒れた木のさらけ出された根っこや、うごめく蟻塚にハッとさせられることもありますが、それさえも、通り過ぎたあとふたたび訪れる静けさを引き立てるようです。

森が途切れると、湖が現れます。まだ冷たいのに構わず服を脱いで泳ぐ人。遊泳は禁止されていません。ベリーはもちろん花を摘むこともできるし、指定された場所なら火も熾せます。湖畔のキャンパーは何泊しているのでしょうか。花や、虫や、小さな動物とおなじように森に溶け込んでいる人々を見て、私は何がしたいかなと考えます。

ひと晩過ごした公園内のホテルを出て、朝日の差し込む森へお散歩。そうだ、歩きながら摘むブルーベリーを朝ごはんにしよう。足元で輝く森からの恵みをいくらでも食べていいといわれると、必要な分だけにしようと思うから不思議です。自由で穏やかな心が町へ戻ってもし失われてしまったら、またここに来よう。この場所を思い出そう。

やわらかくしっとりとした、極上の苔のベッドに深く沈み込んでお昼寝をしてみる。静けさが体にまでゆっくりと染み込んで、自分の輪郭が溶けていきそう。森を全身で味わうひととき

## 旅をもっと楽しむためのおすすめ情報

すべてが木造で、安らぎと温かさに包まれるようなカンピ礼拝堂。大岩をくり抜いた中に造られているテンペリアウキオ教会。自然の包容力を建築にも活かす

夏の市場には採れたてから加工品までさまざまな種類のベリーが並ぶ。葉書や紙ナプキン、食器など、ベリーモチーフの小物をお土産にするのもかわいい

公園内で食料を補給できる場所はほぼないので注意。多くのフィンランド人はソーセージを持参して、焚き火場であぶって食べる。マイピックをゲット

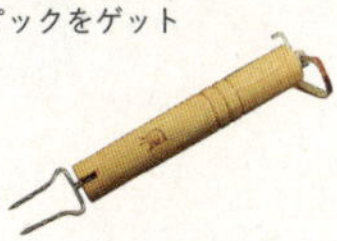

海外編

18

# アルザス

［フランス］

葡萄畑と
森を抜けて
古城とかわいい村めぐり

フランス・アルザスといえばワイン、という方が多いでしょうか。アルザス地方とヴォージュ地方の境界、ヴォージュ山脈の裾野にはほぼ170㎞にも渡るワイン街道が続き、美しく手入れされた葡萄畑が延々と広がっています。できあがりのお味を想像するのも含めて、すてきな景色です。

山脈のふもと、特級クラスのワインを生産するリボーヴィレでハイキングをしました。村の背後にたたずむ古城を目指して葡萄畑の脇を

歩き、木漏れ日が美しい森を抜けて標高523mのお城にたどり着くと……視界いっぱいに広がるアルザスの風景が。ぎゅっと集まったオレンジ色のおもちゃのようにかわいい屋根が、出発したリボーヴィレの村。周りの緑はすべて、葡萄畑です！

このサン・ウルリッヒ城は15世紀ごろまでこの辺りの領主の家だったようですが、次第に放棄され、大きい戦いに巻き込まれることなく、いまも古の風を感じられるロマンチックな場所になっています。

古城ハイキングのあとは、上から眺めた村のなかをお散歩。木骨組みのカラフルな家並みのあいだを縫う石畳の道を歩いていると、絵本のなかに入り込んだような気持ちに。カフェのテラスでいただくカシスとフランボワーズのソルベが、ハイキング後に何よりのご褒美です。

なだらかなヴォージュ山脈は、針葉樹の森や高原の草地、点在する湖などさまざまな風景を見せてくれる。歩きながらベリー類を摘むのも楽しい。モミの木のクリスマスツリー発祥の地でもある

旅をもっと楽しむための
おすすめ情報

すっきり辛口の白ワインで知られるアルザスワイン。ワイン造りで有名な村はどこもかわいらしく、散策するだけでも楽しい。飲める方はもちろん試飲を！

木骨造は中世ヨーロッパの森林が多い地域で盛んになった。ヴォージュ山脈があるからこその風景。写真はコルマールの街。コウノトリ生息地でもある

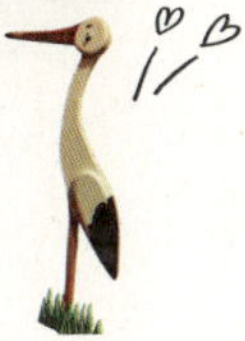

ドイツとの国境にもあたるアルザス側はたびたびドイツ領土となり、シュークルートやブレッツェルなど、食文化にも大きくその影響が残る

海外編

19

# マチュピチュ

［ペルー］

およそ500年前
人と情報と物資が
往来していた古の道

マチュピチュを歩いて目指す、インカトレッキングは、インカ帝国時代に整備されたインカ道をたどる旅です。遺跡の手前から1日かけてゆっくり歩くルートを選び、現地の公認ガイドさんに依頼しました。

アンデス山麓のウルバンバ渓谷沿いに伸びる石畳の道。スタート地点のチャチャバンバ、その先のウイニャワイニャと、インカ時代の遺跡を通過

しながら標高を上げます。居住区を伴う石造りの段々畑の遺跡は驚くほど急峻な場所にあり、５００年前はここで日常を送っていたなんて、さぞ足腰健康な人々だったに違いないと驚くばかり。情報も物資もすべてこの道で運ばれていたのです。当時の生活に思いをはせながらの山歩きにクタクタになってきたところで、ルートの最高地点、標高２７５０ｍのインティプンク遺跡に到着。太陽の門と名づけられた石門をくぐると、眼下の尾根上にあのマチュピチュが……！　傾き始めた日に照らされ輝く姿は目の前にあるのにまだ夢の景色のようで、思わず涙が溢れるほどの美しさ。人力で移動していたインカの人もきっとここでおなじように足を止めただろうと、時間を越えて古の人々と心を重ねられたような気がしました。

マチュピチュがなぜ作られたかはいまだ不明。太陽神を崇めるインカ帝国が、崇拝と観測のために作ったという説が現在は有力。自然に美しく調和しているのはそのせいか

### 旅をもっと楽しむためのおすすめ情報

電車で向かう場合の終着駅マチュピチュ村は、昔は温泉を意味するアグアス・カリエンテスと呼ばれていたそうで、いまも村はずれに温泉プールがある

ウルバンバ渓谷の標高3,300mに突如現れるマラスの塩田。海底が隆起してできたアンデス山脈から少しずつ溶け出す塩を天日干ししている

アンデス山脈の高地に住むクイ（天竺鼠）は貴重なタンパク源。丸焼きは臭みもなくさっぱりしていておいしいのでぜひ召し上がれ！

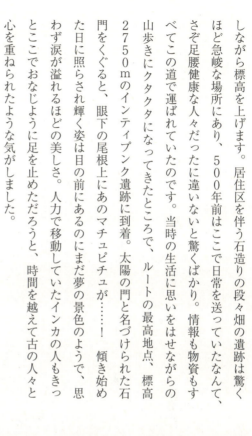

# プリトヴィツェ国立公園

［クロアチア］

## 水の色が圧倒的に美しい カルスト地形の湖と滝

プリトヴィツェ湖群国立公園はふたつの山脈のあいだに広がる台地にあるカルスト地形。無数の湖と滝が階段状の特徴的な景観のなか次々現れ、圧倒的な美しさを見せてくれます。目を奪われるのは水の色。輝くエメラルドグリーン、インクのようなネイビーブルー、神秘的なグレー……さまざまに変化します。水中を覗き込むと、魚もくっきり見えるほどの透明度。泳いでみたい衝動に駆られますが、あまりの美しさに触れるのさえ怖いような気持ちにもなるのです。

姿こそ見えないものの、ここには狼やヒグマも住んでいます。90年代の紛争ではこの湖群が戦いの場となったなんていまは想像もつきませんが、繊細なバランスで成り立つこの世界では、人間は秩序を乱す存在でしかないであろうことを感じさせられます。

公園内は木道などで整備され、カジュアルな格好で無理なく絶景ハイキングが可能。宿泊は国立公園内にある民泊ロッジで。朝早くから公園散策すると静けさに満ちた神秘的な空気を味わえる。国立公園近くのラストケ村ではこの水で育った絶品のマスがいただける

海外編

21

# キナバル山

［ボルネオ島］

## 世界最古の熱帯雨林を歩いて
## 溶岩と雲海の世界へ

ビーチリゾートのイメージだったボルネオ島に、登りやすい4000m峰がある！　と聞いてチャレンジしたキナバル山。旅行初日は浜辺で疲れを癒すはずが、5時間もシュノーケリングを楽しむというまさかの展開でスタートしました。船から見上げる4000m峰は現実味のない大きさで、翌日にわかに緊張しながら入山。世界最古といわれるしっとりとした熱帯雨林を楽しみ、標高3000mを越えてもまだ森林。出発から6時間で小屋に到着です。ヘッドランプを頼りにご来光に合わせ頂上へ。暗闇の森を抜けると、足元は黒い岩、目の前は黒い空、そこに浮かぶ無数の星に向かって歩きます。夜が明けて初めて目にする、広大な一枚岩とその先に広がる雲海は、どこか別の星に来たかのような光景でした。

日本では聞き慣れない鳥の声や見かけない色の花。生き物観察が楽しい。食虫植物のウツボカズラもそこかしこに。登山2日目の行程は約12時間。町に戻った翌朝は人生初レベルの筋肉痛に襲われ、ふたたび海辺で体を癒したのもよい思い出です

山とともに生きていることを知る旅

*epilogue*

自分の足で山を旅して
その豊かさに触れるたび
山は暮らしのすぐそばにいつだって
たたずんでいるのだと気づきます

自分で歩いたことのある山に思いを馳せると
心のスペースが広がり
その山が増えるほど
自由で軽やかな気持ちになります

これから先、歩き続けると
どんな景色が見えてくるのでしょうか

山をもっと近くに感じ
もっと好きになれる、自分らしい山旅

あなたなりの楽しみ方を見つけたら
今度は私に教えてくださいね!

いつか旅先で、お会いできたらうれしいです

# わたしの山旅

広がる山の魅力・味わい方

仲川 希良

2020年10月10日　第一版第一刷発行

| | |
|---|---|
| 発行人 | 角 謙二 |
| 編集人 | 佐藤泰那 |
| 発行・発売 | 株式会社枻（えい）出版社 |
| | 〒158-0096 東京都世田谷区玉川台2-13-2 |
| 販売部 | TEL.03-3708-5181 |

| | |
|---|---|
| 編集 | 二宮菜花、安仁屋円香 |
| 編集協力 | 相馬由子 |
| 写真 | 加戸昭太郎、網中健太、逢坂聡、大畑陽子、大塚友記憲、小澤義人、亀田正人、冨田寿一郎、萩原浩司、矢島慎一、豊哲也、後藤武久、仁田慎吾、相見郁依、TSUBASA |
| デザイン | 今村克哉（ピークス株式会社） |
| DTP | 佐藤円香（ピークス株式会社） |

印刷・製本　大日本印刷株式会社


ISBN978-4-7779-6033-0